SUDOKU
ON THE
HALF SHELL

SUDOKU
ON THE
HALF SHELL

George Heineman

150 Addictive SUJIKEN® Puzzles!

PUZZLE WRIGHT PRESS

An imprint of Sterling Publishing Co., Inc.

www.puzzlewright.com

Puzzlewright Press and the distinctive Puzzlewright Press logo
are registered trademarks of Sterling Publishing Co., Inc.

Sujiken is a registered trademark of George Heineman.
All Rights Reserved.

2   4   6   8   10   9   7   5   3   1

Published by Sterling Publishing Co., Inc.
387 Park Avenue South, New York, NY 10016
© 2011 by George Heineman
Distributed in Canada by Sterling Publishing
c/o Canadian Manda Group, 165 Dufferin Street
Toronto, Ontario, Canada M6K 3H6
Distributed in the United Kingdom by GMC Distribution Services
Castle Place, 166 High Street, Lewes, East Sussex, England BN7 1XU
Distributed in Australia by Capricorn Link (Australia) Pty. Ltd.
P.O. Box 704, Windsor, NSW 2756, Australia

Printed in China
All rights reserved

Sterling ISBN 978-1-4027-7994-7

For information about custom editions, special sales, premium and
corporate purchases, please contact Sterling Special Sales
Department at 800-805-5489 or specialsales@sterlingpublishing.com.

CONTENTS

INTRODUCTION

Sujiken® puzzles use a distinctive triangular grid of 45 cells formed by three 3×3 square regions and three triangular regions of six cells. Sujiken is inspired by sudoku, the amazingly popular and distracting logic puzzle. Sujiken combines the Japanese words *sujikai* (diagonal) and *ken* (cleverness).

The objective of Sujiken is to place digits from 1 to 9 in the grid such that:

1. No digit repeats in any row, column, or diagonal.
2. No digit repeats in any of the three 3×3 square regions enclosed by thick borders.
3. No digit repeats in any of the three triangular regions enclosed by thick borders.

Like a sudoku, a Sujiken starts out partly filled in with enough "givens" to ensure a unique solution. You will find two elements of Sujiken quite interesting:

1. When placing digits you must now consider diagonal cells in all four directions.
2. When placing a digit in one of the larger triangular regions or a shortened row or column, you may have to logically eliminate other digits from the region.

Let's solve a sample puzzle (rated easy) below. There are many ways to arrive at the unique solution without guessing. Given the rules as described above, you might want to take a stab at solving the puzzle now.

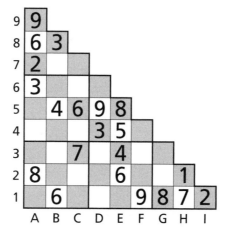

7

There are nine vertical columns labeled A to I from left to right. There are nine horizontal rows labeled 1 to 9 from bottom to top. Each cell is uniquely identified by a column and row; in the Sujiken puzzle shown, cell B1 contains the digit 6.

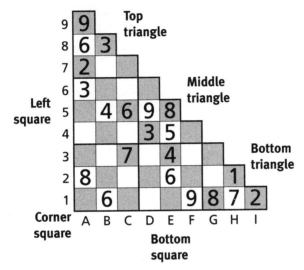

We refer to the three 3×3 square regions as the left square, the corner square, and the bottom square. The three triangular regions are the top triangle, the middle triangle, and the bottom triangle.

Often there are many ways to solve a Sujiken puzzle. You might start by finding a 3×3 square region in which you can eliminate a digit from all but one empty cell. If you consider the bottom square, you will see that the 7 in C3 prevents a 7 from being placed in D2, D3, E1, and F3, while the 7 in H1 prevents a 7 from being placed in D1 (as well as E1 and F3), which means you must place the 7 in F2.

> Principle: Take advantage of the regions that must contain nine digits: The left square, corner square, bottom square, row 1, column A, and the long diagonal from A9 to I1.

Another twist on this principle helps you place the 4 in row 1. The bottom square already contains a 4 at E3, so you know that a 4 cannot be placed in either D1 or E1. The 4 in E3 also prevents a 4 from being in C1 (E3 and C1 are on the same diagonal), so you can confidently place a 4 in A1.

Another way to place a digit in a cell is to eliminate the other eight potential digits from that cell. Consider empty cell F4. In the original board layout, you can determine that this cell cannot contain a 9 (because of A9, D5, or F1), an 8 (because of E5), a 5 (because of E4), a 4 (because of E3), or a 3, 2, or 1 (because these digits all occur in the long diagonal from A9 to I1). Now that we know there is a 7 in F2, you can also eliminate 7, which means a 6 must be placed in F4.

> Principle: If you can determine that eight digits cannot be placed in a cell, then you can safely place the remaining ninth digit.

A 7 must appear in column A and it must be placed in A4 because the 7 in C3 prevents a 7 from appearing in any of the other empty cells in column A (A3 and A5). The long diagonal from A9 to I1 must contain a 7 and it must be placed in D6 because the 7 in C3 prevents a 7 from appearing in C7 and G3, and F4 is already filled with a 6.

The long diagonal is special because it can be treated like any of the 3×3 square regions when it comes to eliminating digits. However, you cannot blindly apply this logic to other shorter diagonals. For example, now consider the diagonal from A7 to G1 which contains 7 cells, only one of which is empty. When simply considering the other digits in this diagonal, you can deduce that B6 must contain either a 1, 5, or 9, but at this stage you don't know which goes there.

> Principle: Take care not to place digits through guesswork. You can always determine the unique solution for each Sujiken puzzle using logical deductions.

Notice on the long diagonal that the 4 in E3 prevents a 4 from being placed in G3, which forces a 4 to appear in C7. You can now complete the long diagonal by placing its final missing digit, a 5, in G3.

You can complete column A by noticing that the 5 in G3 prevents a 5 from being placed in A3, which forces a 5 to appear in A5. That leaves a 1 for A3.

The bottom square must contain a 5 in D1 because of the 5's in A5 and G3.

> Principle: Pay attention to the diagonals when placing digits.

Notice in row 1 that the 1 in A3 prevents a 1 from being placed in C1, which forces a 1 to appear in E1. You can complete row 1 by placing its final missing digit, a 3, in C1.

One helpful tip is to look at a 3×3 square region and see what digits are missing. Consider the bottom square and you will see that it is missing three digits: 2, 3, and 8. You should quickly spot the 3 in D4, which forces the 3 to be placed in F3. The 8 in A2 prevents the bottom square from having its 8 in D2, which means that D3 must contain an 8. Complete the bottom square by placing its final missing digit, a 2, in D2.

> Principle: Consider the set of missing digits in a 3×3 square region and see if you can find a nearby cell that eliminates all but one possible position for that digit.

The corner square needs a 2 and it must be placed in B3 because of the 2 in D2. If you are keeping track at home, the Sujiken board now has eight remaining empty squares as shown below:

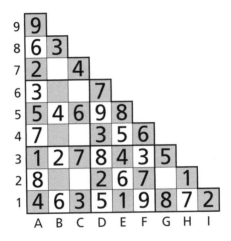

Let's try a more complicated deduction. You can see that row 2 contains only eight cells, which means that when it is completed, it will only have eight different digits. Which digit is going to be left out? Because of the 3 in F3 and the 3 in C1, you can determine that row 2 cannot contain a 3.

> Principle: You may be able to demonstrate that a digit can be eliminated from a row, column, or diagonal even when that region has fewer than nine digits.

Since the corner square is still missing two digits, 5 and 9, and these two digits must be placed (in some order) in B2 and C2, you can confidently place a 4 in G2. The 5 in the corner square must be placed in B2 because the 5 in E4 prevents a 5 from appearing in C2. Complete the corner square by placing its final missing digit, a 9, in C2.

A 2 must appear in the left square and it must be placed in C6 because the 2 in B3 prevents a 2 from appearing in either B4, B6, or C4.

The left square is now missing the digits 1, 8, and 9. Because of the 8 in A2 and the 9 in D5, you can place a 1 in C4. The two remaining digits of the left square, 8 and 9, will be placed in B4 and B6. Even though we haven't yet determined their final positions, we can take advantage of this information to complete the diagonal from A8 to H1. This diagonal has one empty cell, B7, which must contain either a 1 or 8, due to all of the other digits that already exist in that diagonal. Because an 8 will be placed in either B4 or B6, you can eliminate the 8 from being placed in B7; thus you can safely place a 1 in B7.

> Principle: When you can narrow down a digit's location to one of two cells in a region, make a note as a reminder.

The left square must contain an 8 and it must be placed in B4 because of the 8 in G1. You can now complete the left square—and the Sujiken puzzle—by placing its final missing digit, a 9, in B6.

The final solution is shown below.

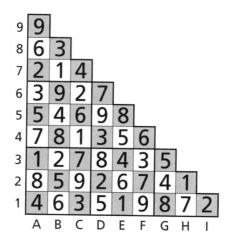

This solution is the only possible solution from the initial placement of 21 digits shown earlier. You can check for yourself that no digit is duplicated in any horizontal row, vertical column, or diagonal, and that in addition, the square and triangular regions have no duplicates.

Using similar logical reasoning, you can eventually place all the digits in the Sujiken puzzles contained in this book. The most challenging aspect of a Sujiken puzzle may be the "missing digits" that one can prove cannot be present in regions containing fewer than nine digits. Each puzzle in this book has been proven to be solvable without guesswork. The puzzles start out easy (one star) and get harder as you go, ending with really hard ones (five stars). Enjoy!

—George Heineman

PUZZLES

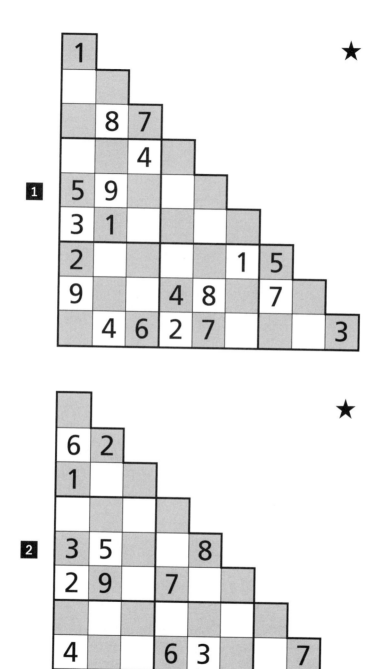

1

2

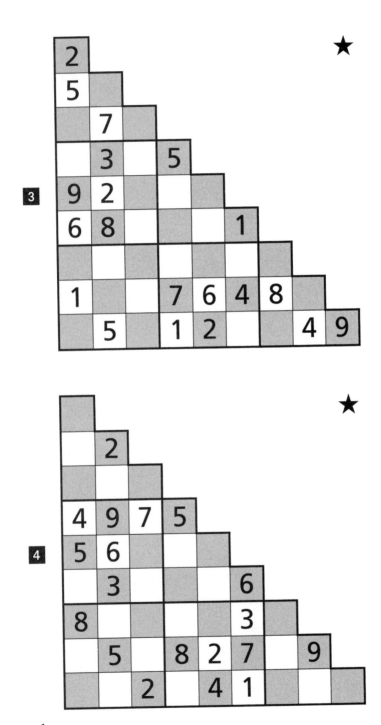

3 ★

4 ★

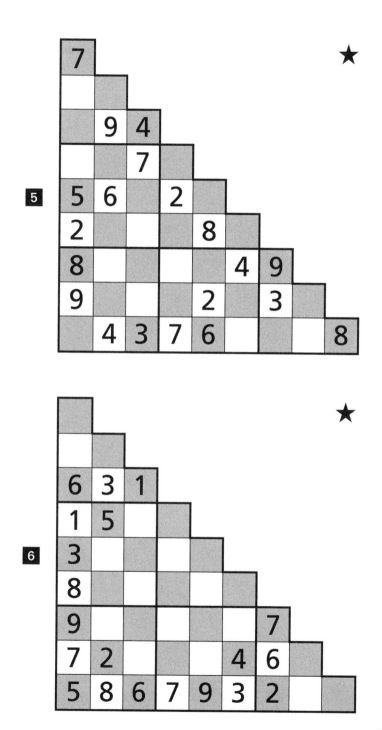

5 ★

6 ★

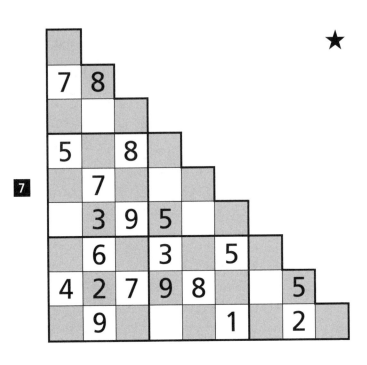

7 ★

8 ★

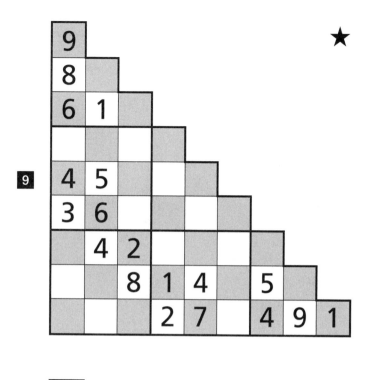

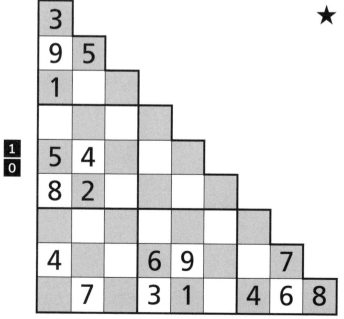

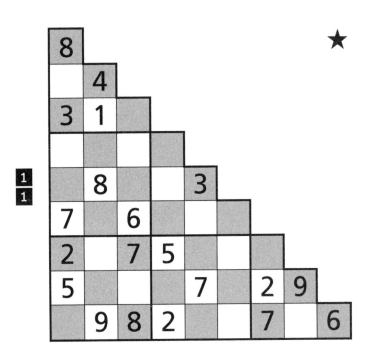

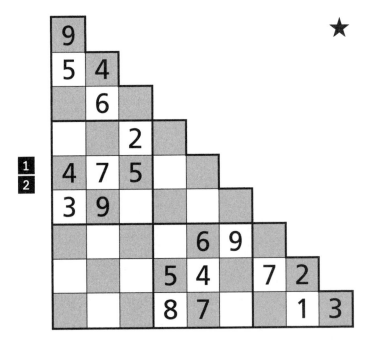

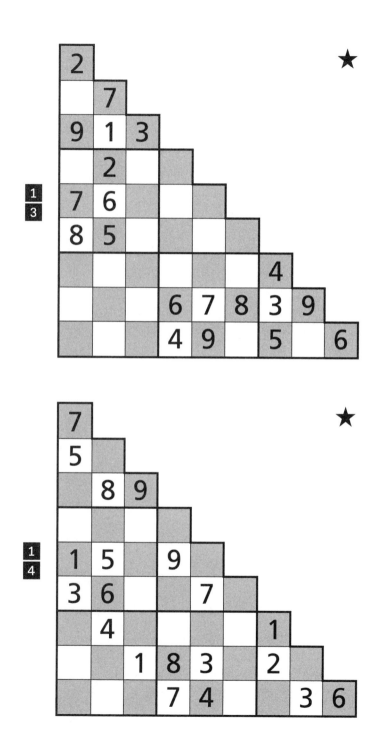

★

1
3

★

1
4

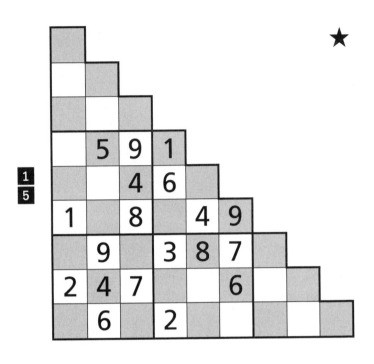

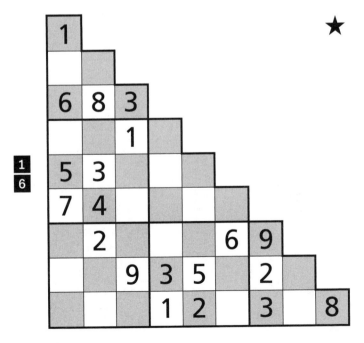

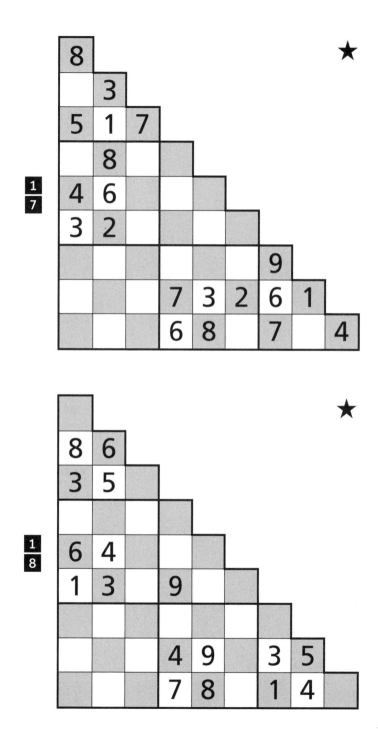

★

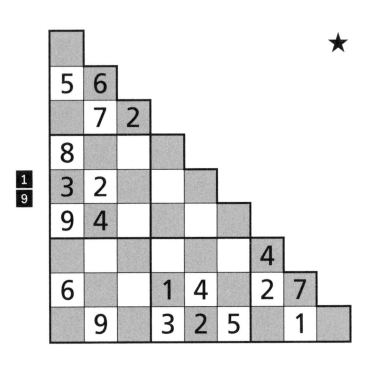

★

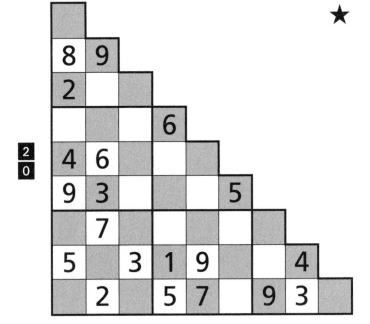

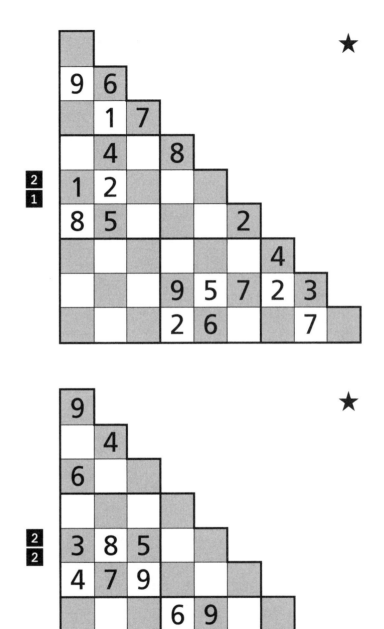

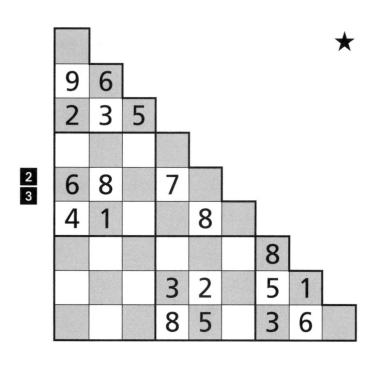

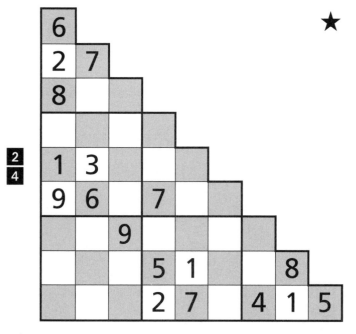

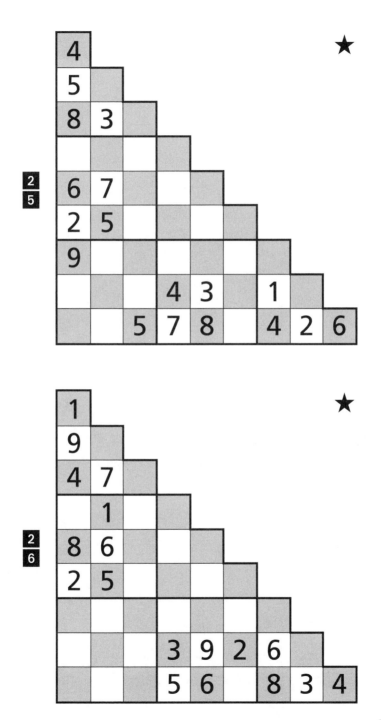

★

2 7

	2							
	1	9						
		6						
3	9			6				
8	4							
					2	4		
6			1	5		8	7	
	8		6	7				

★

2 8

6	5							
2	8							
9	1							
3	7							
	9							
8		6	4	9		7	2	
	2		1	8		4	3	

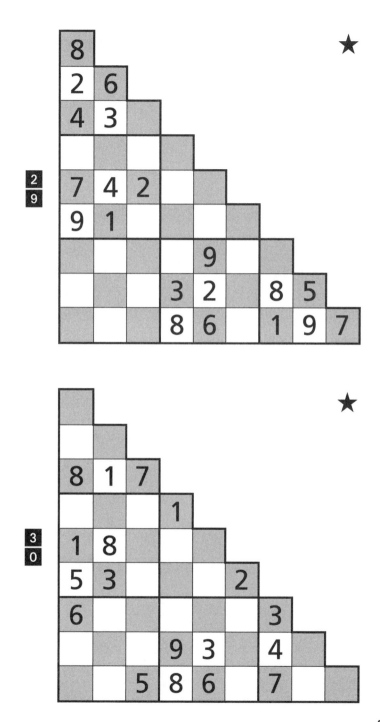

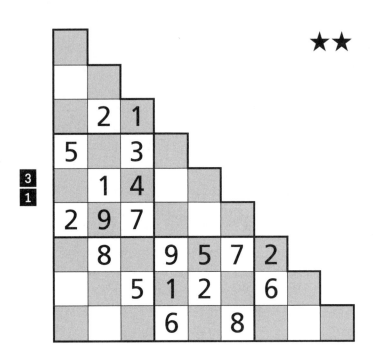

★★

3
1

★★

3
2

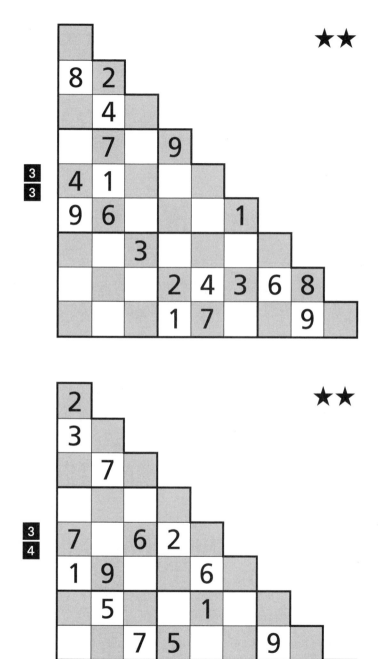

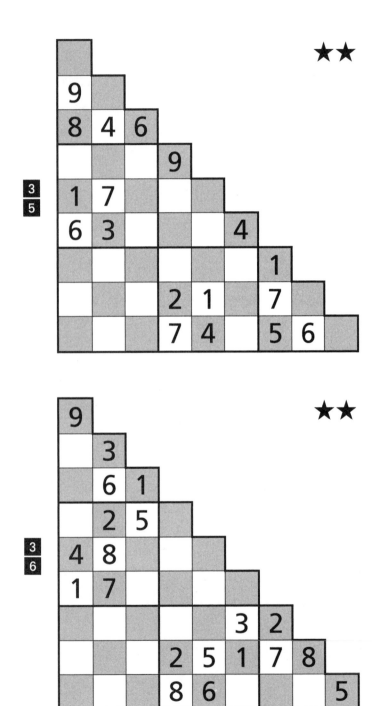

★★

3
5

★★

3
6

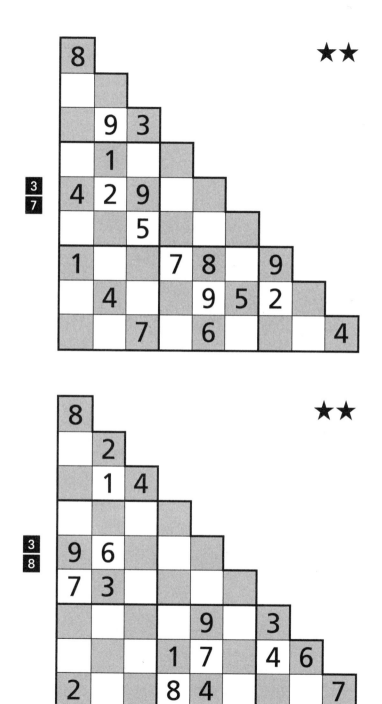

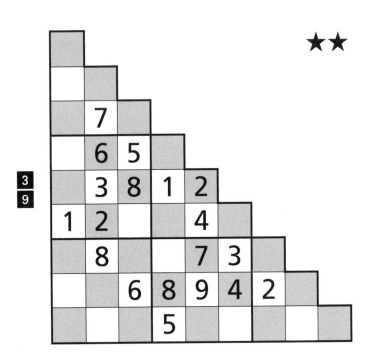

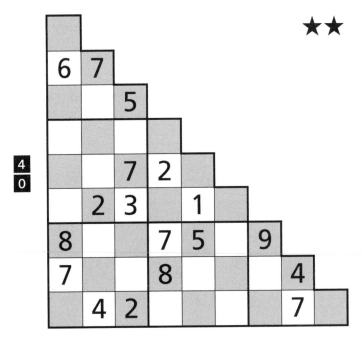

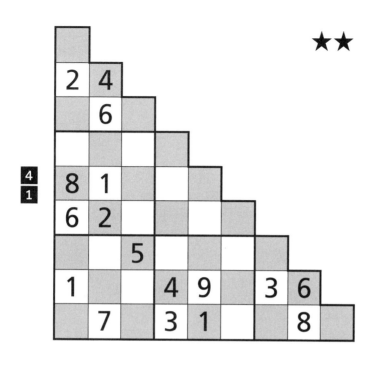

★★

4
1

★★

4
2

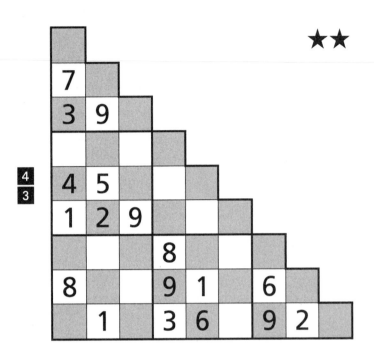

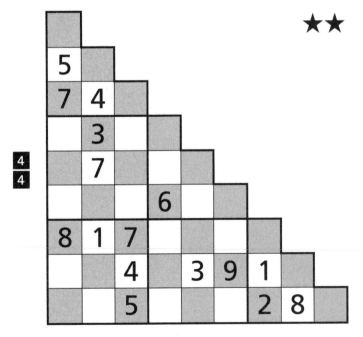

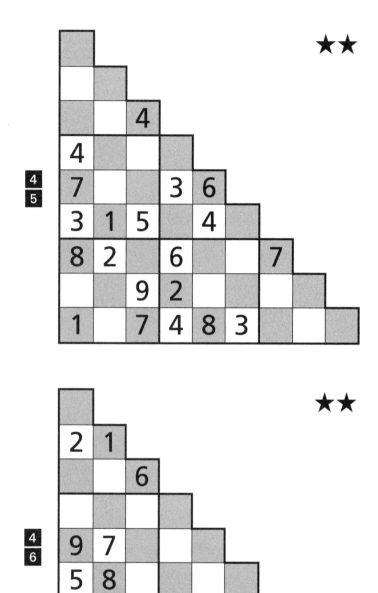

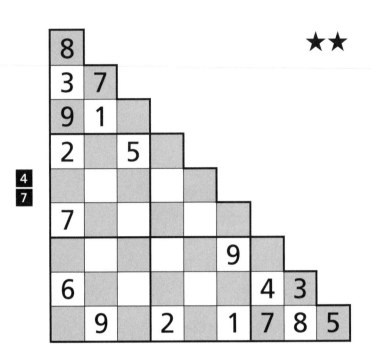

★★

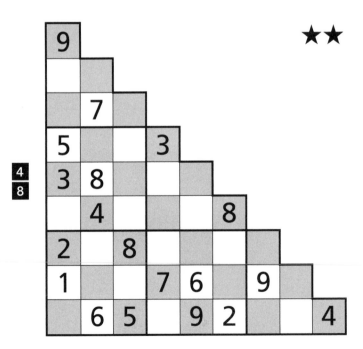

★★

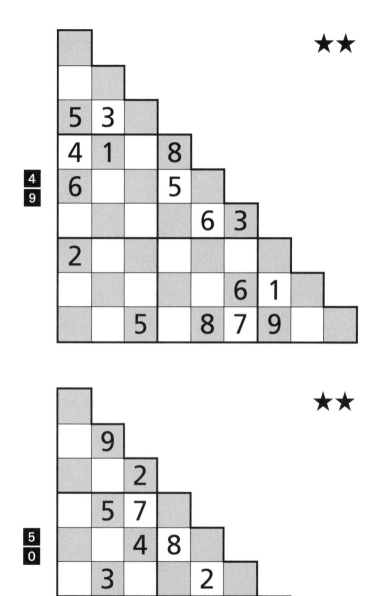

★★

★★

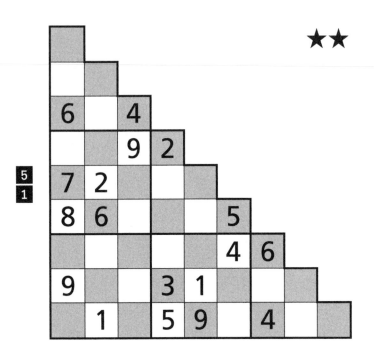

★★

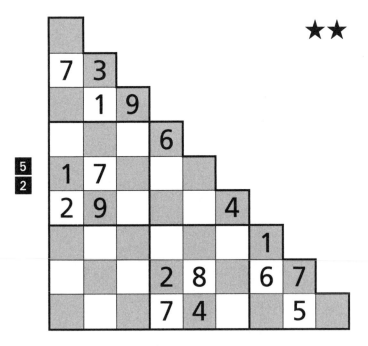

★★

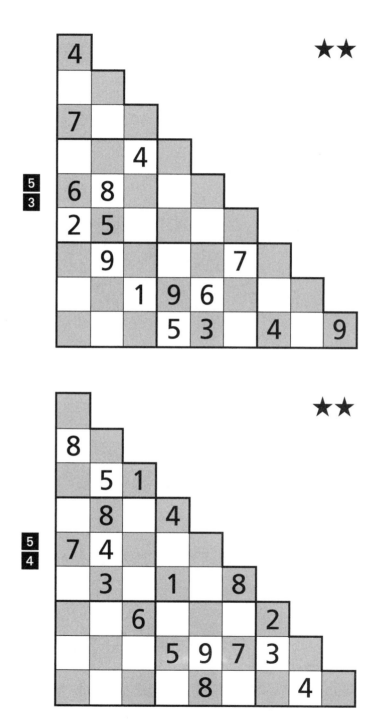

★★

★★

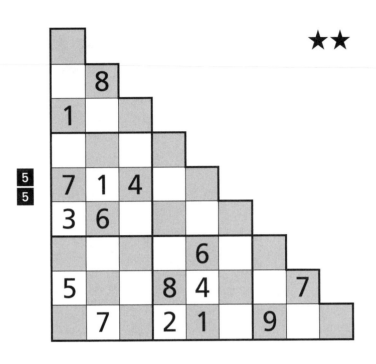

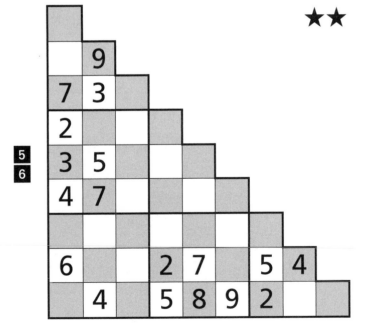

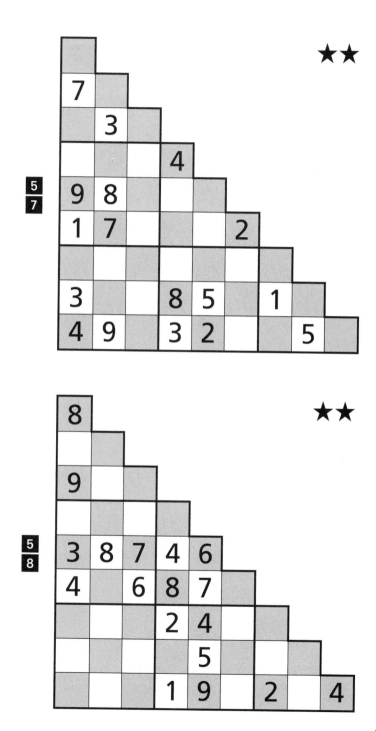

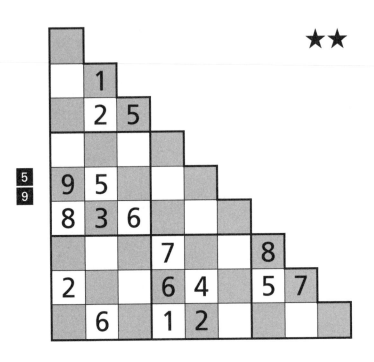

★★

5 / 9

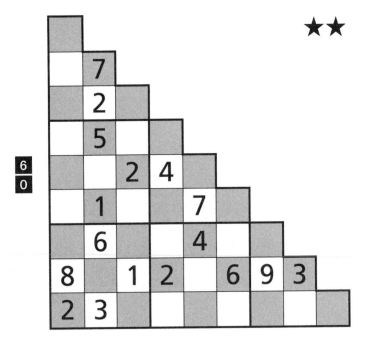

★★

6 / 0

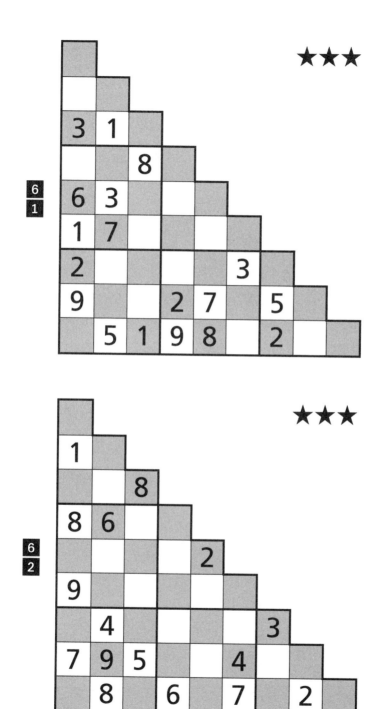

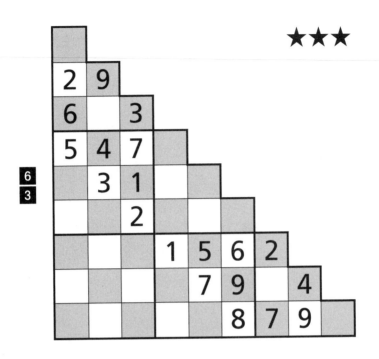

★★★

6
3

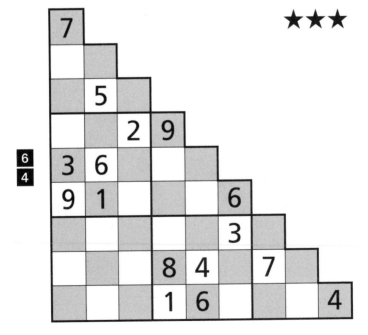

★★★

6
4

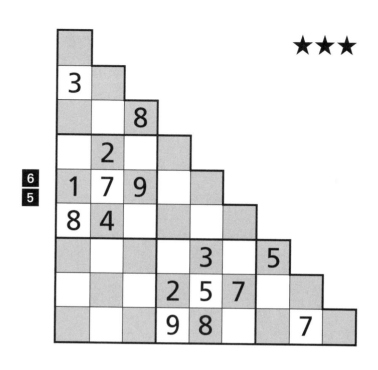

★★★

6
5

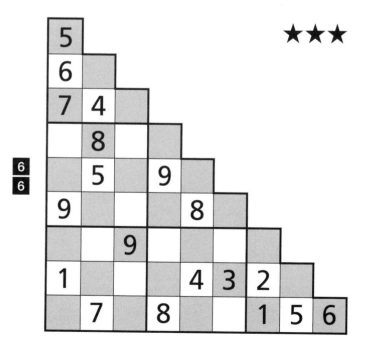

★★★

6
6

★★★

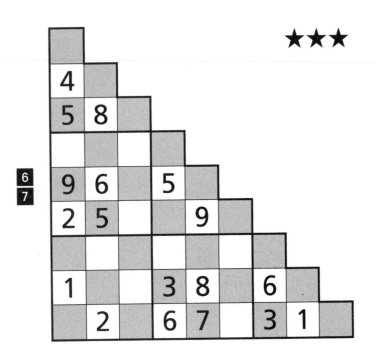

★★★

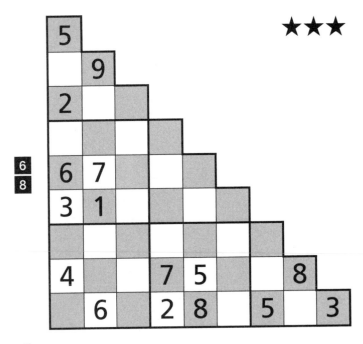

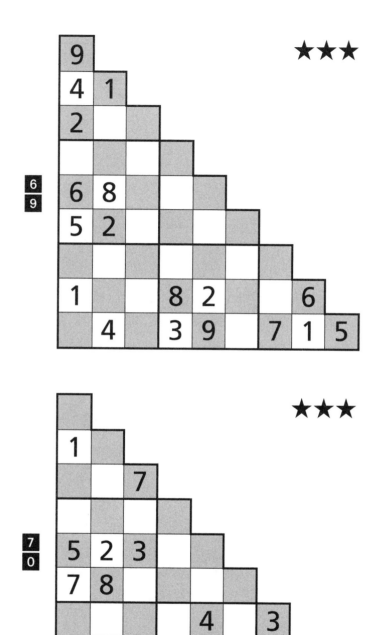

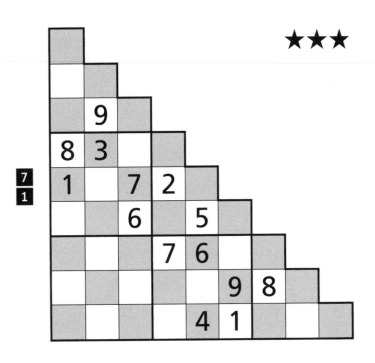

★★★

7
1

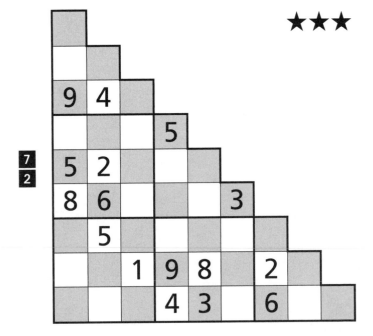

★★★

7
2

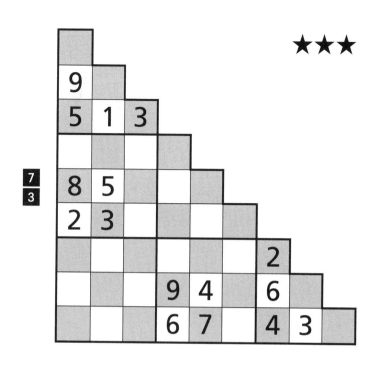

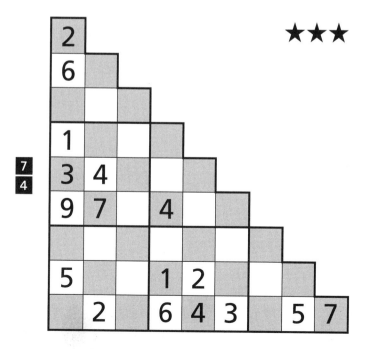

★★★

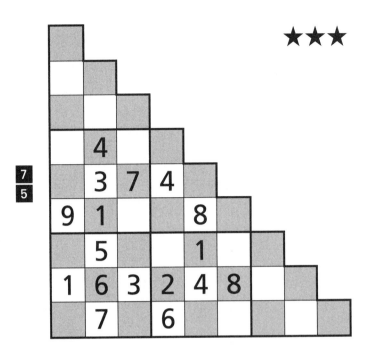

7
5

★★★

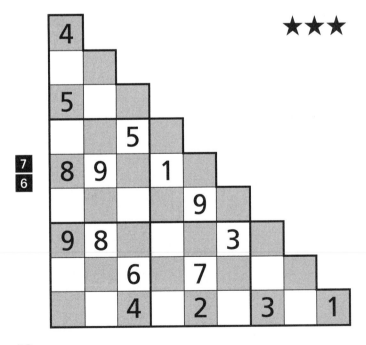

7
6

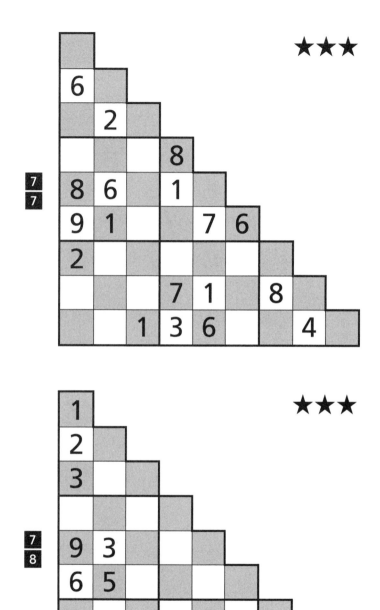

★★★

★★★

53

★★★

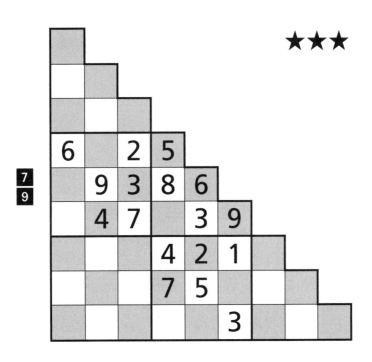

★★★

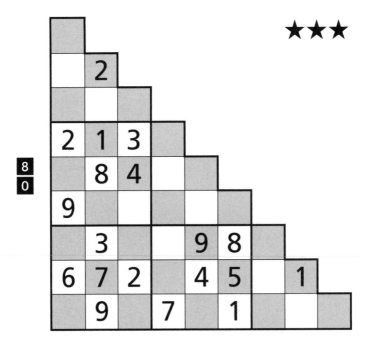

★★★

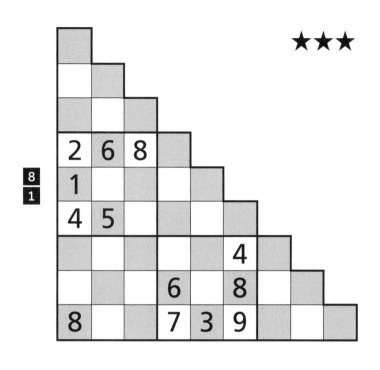

8
1

★★★

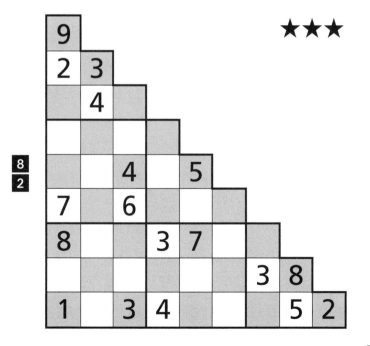

8
2

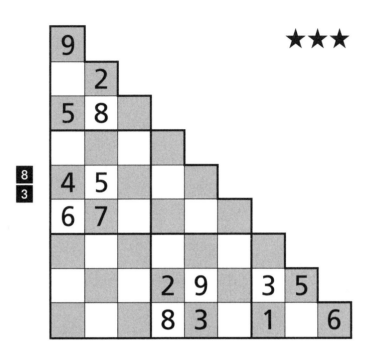

★★★

8/3

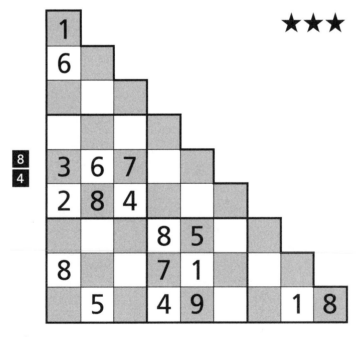

★★★

8/4

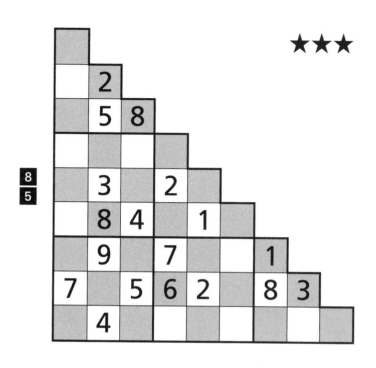

★★★

8
5

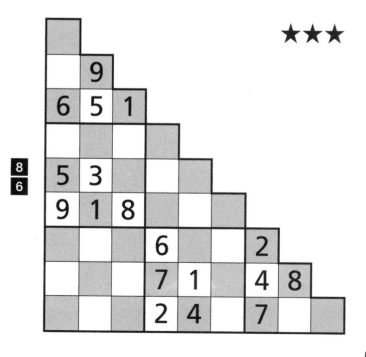

★★★

8
6

★ ★ ★

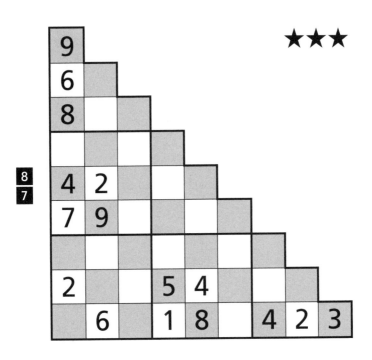

★ ★ ★

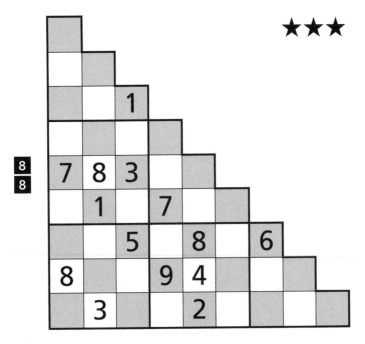

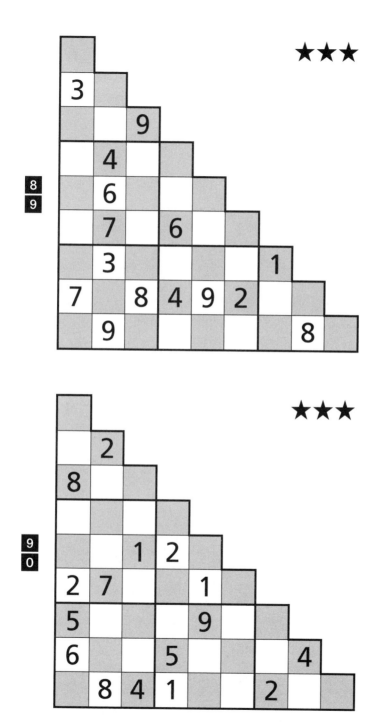

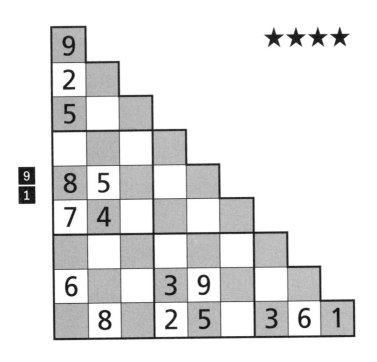

★★★★

9|1

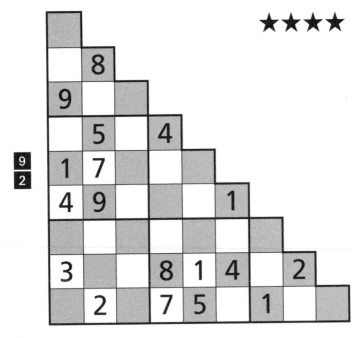

★★★★

9|2

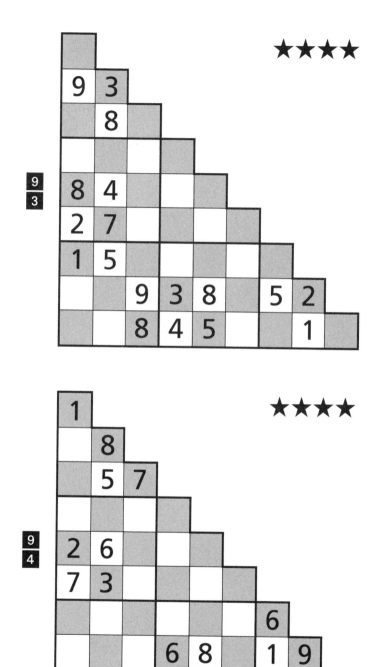

★★★★

★★★★

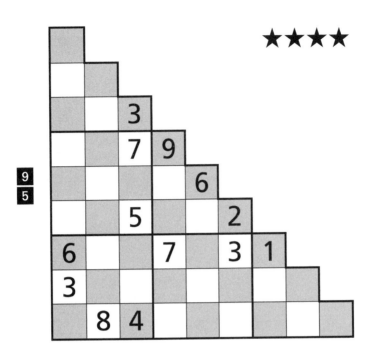

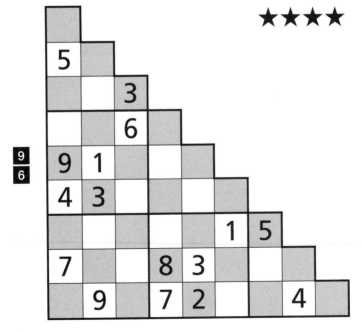

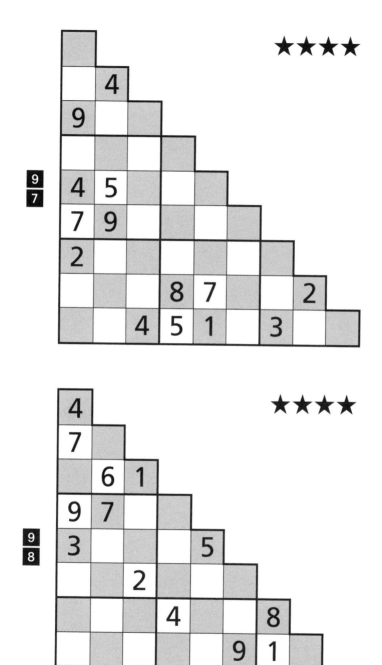

★★★★

★★★★

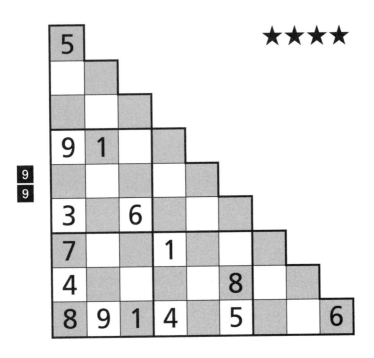

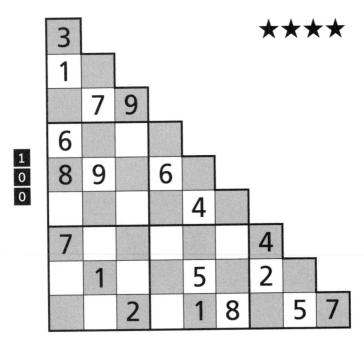

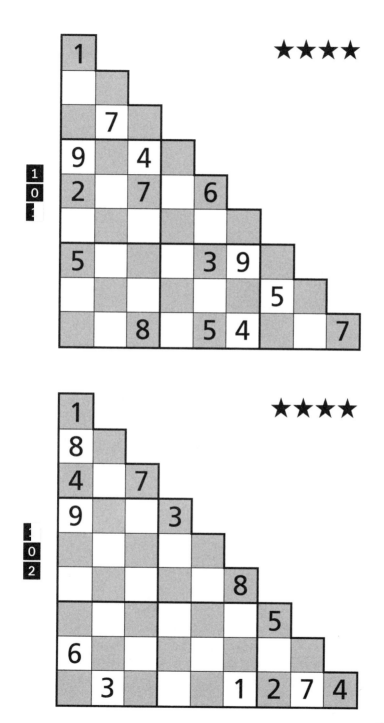

★★★★

★★★★

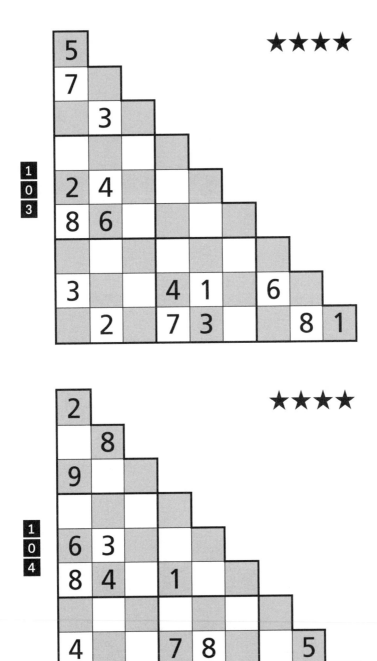

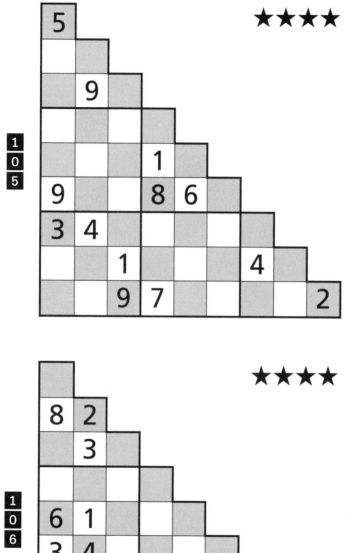

★★★★

★★★★

★★★★

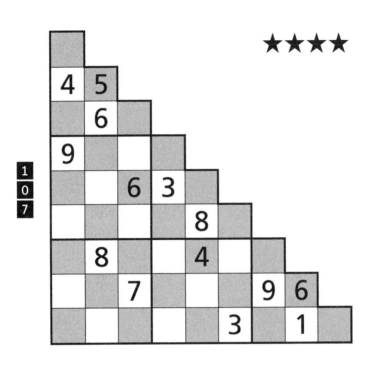

★★★★

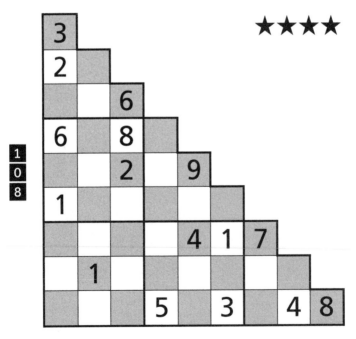

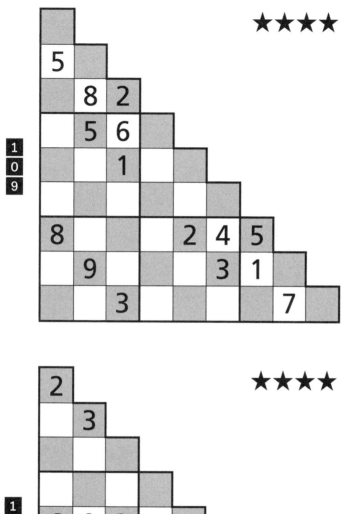

★★★★

1
0
9

★★★★

1
1
0

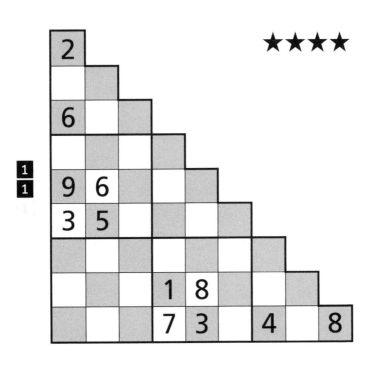

★★★★

1
1

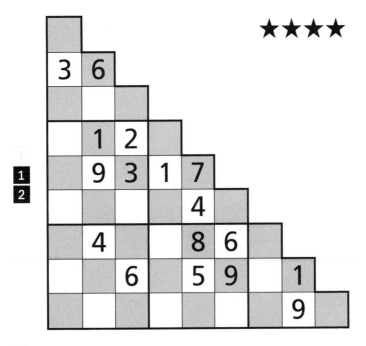

★★★★

1
2

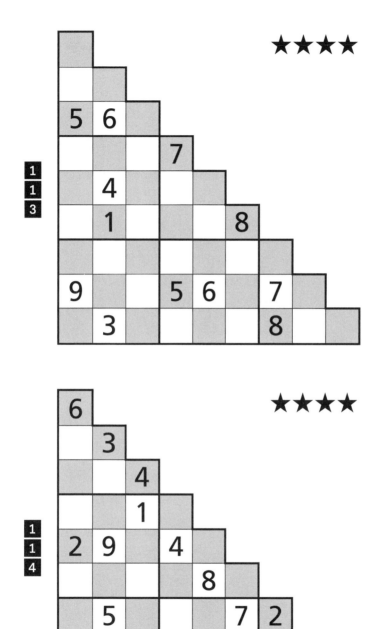

★★★★

★★★★

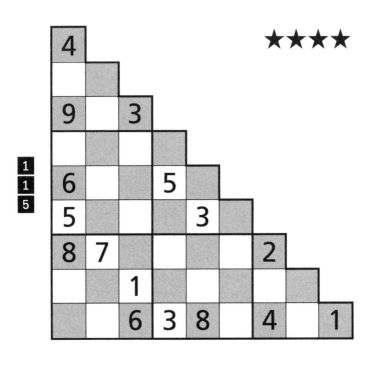

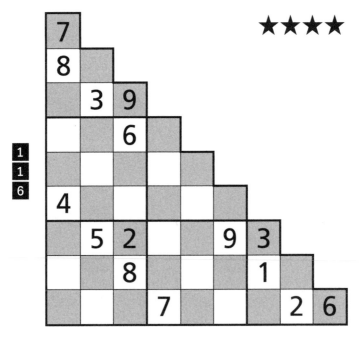

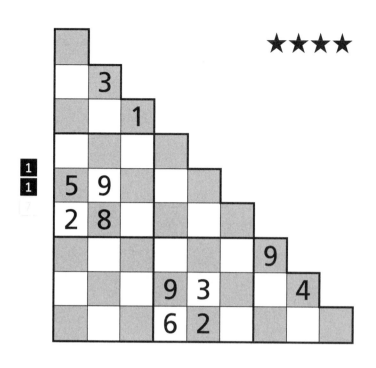

★★★★

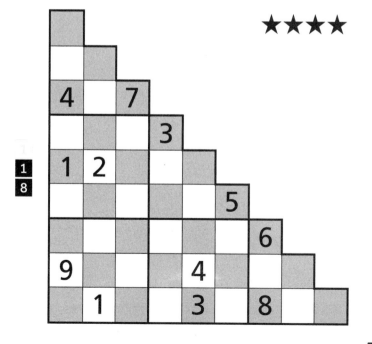

★★★★

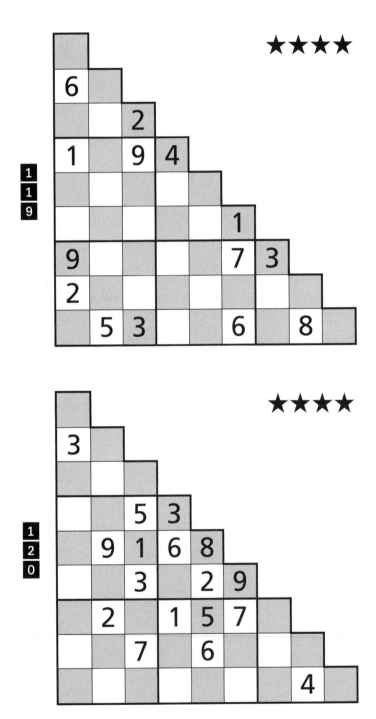

★★★★

★★★★

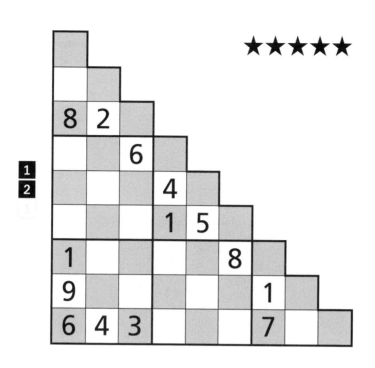

★★★★★

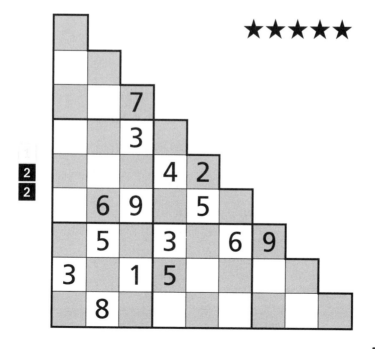

★★★★★

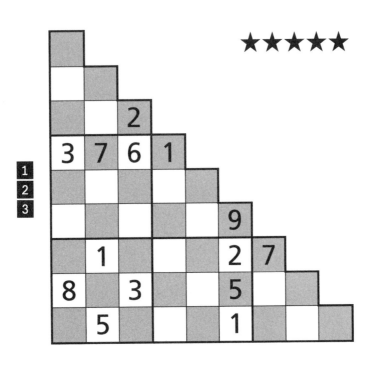

★★★★★

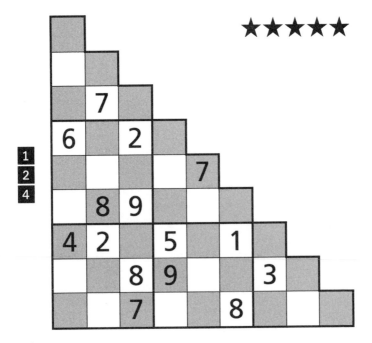

★★★★★

76

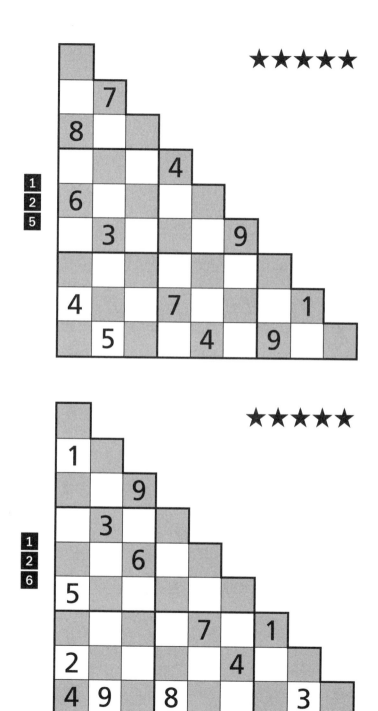

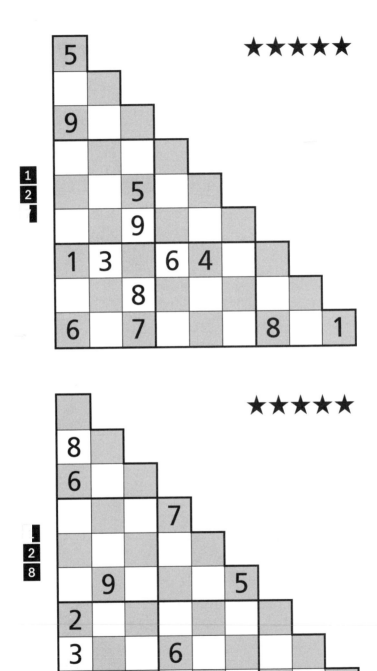

★★★★★

★★★★★

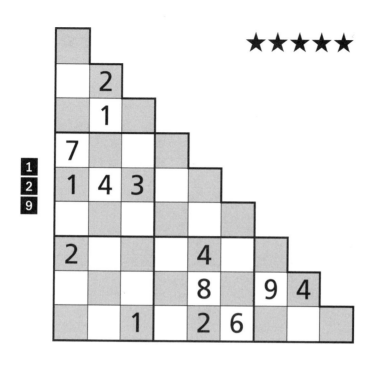

★★★★★

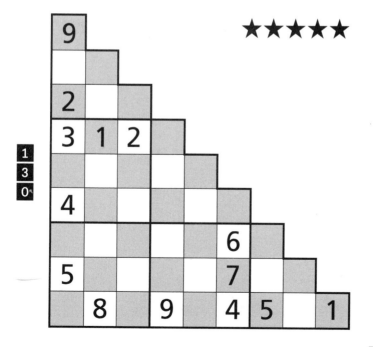

★★★★★

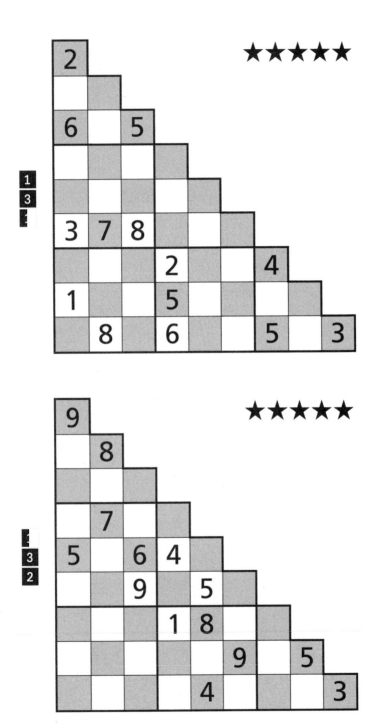

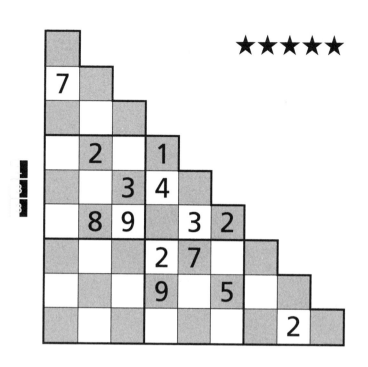

★★★★★

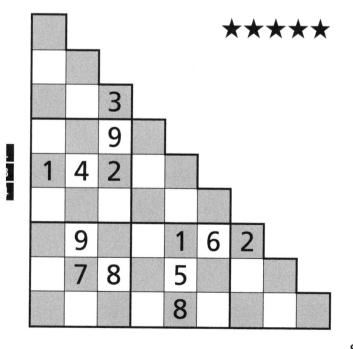

★★★★★

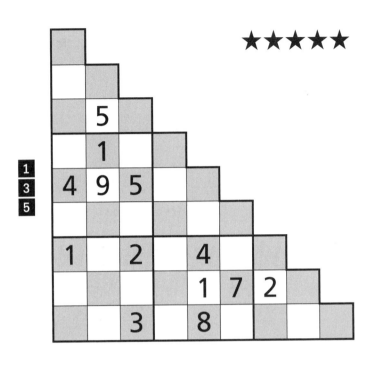

★★★★★

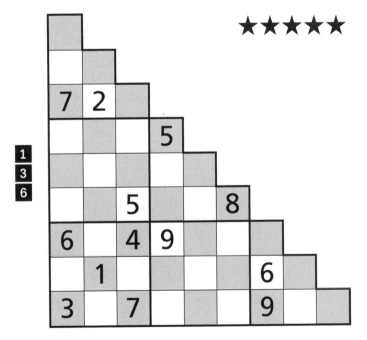

★★★★★

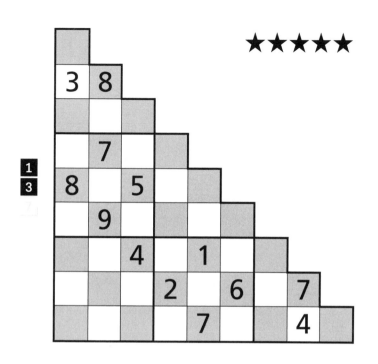

★★★★★

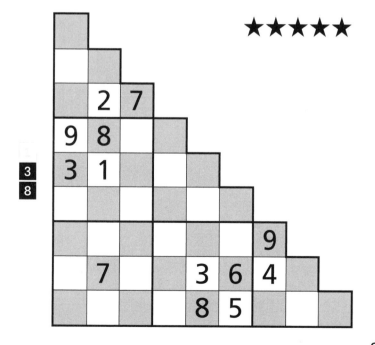

★★★★★

★★★★★

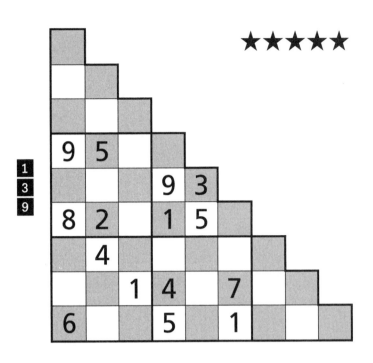

★★★★★

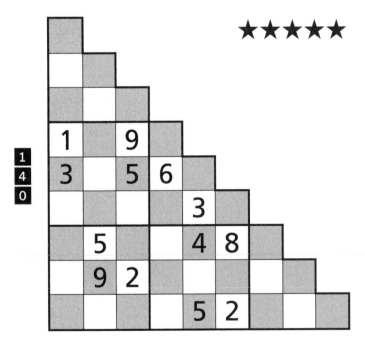

84

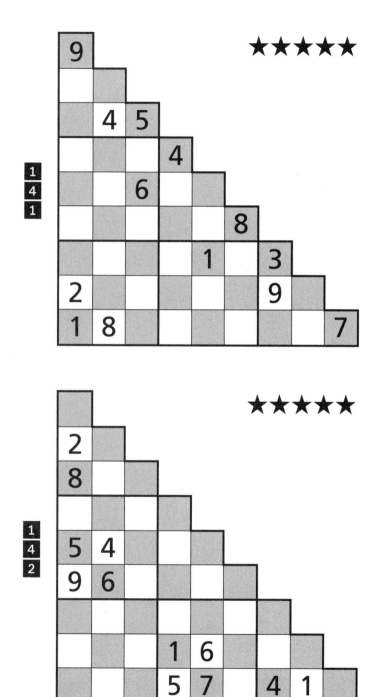

★★★★★

★★★★★

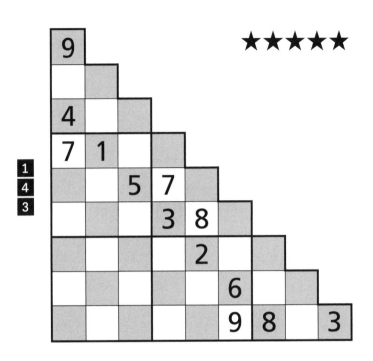

★★★★★

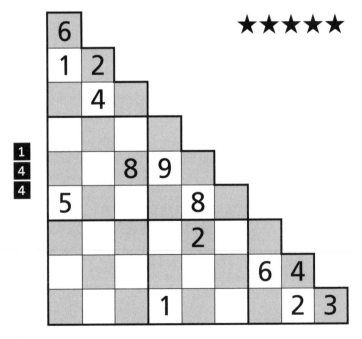

★★★★★

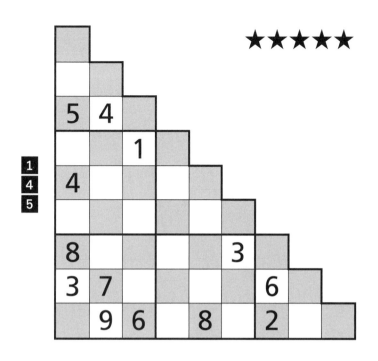

★★★★★

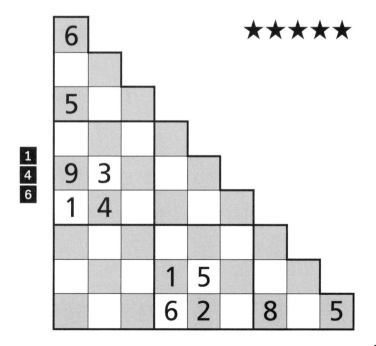

★★★★★

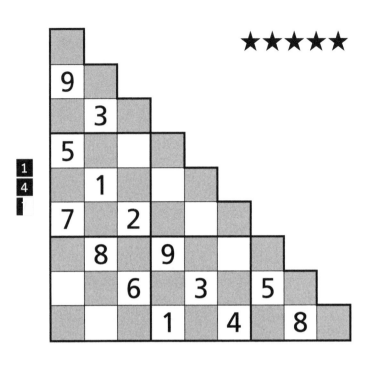

★★★★★

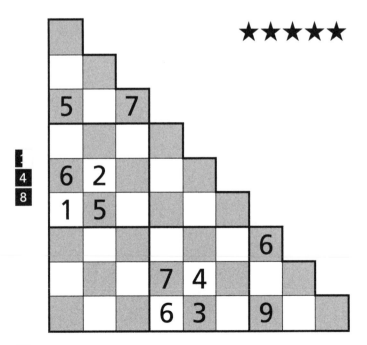

★★★★★

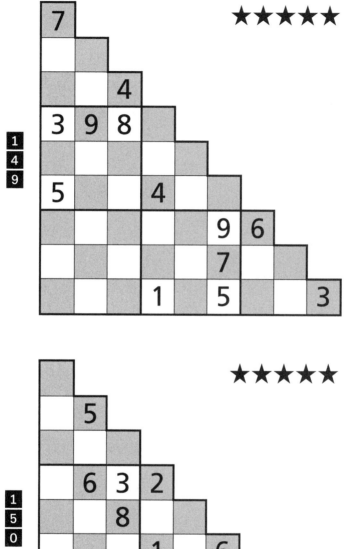

★★★★★

★★★★★

1

```
1
6 2
4 8 7
7 6 4 9
5 9 8 3 4
3 1 2 7 5 8
2 7 3 6 9 1 5
9 5 1 4 8 3 7 6
8 4 6 2 7 5 1 9 3
```

2

```
9
6 2
1 3 5
7 8 4 1
3 5 6 2 8
2 9 1 7 5 4
8 6 2 4 9 7 3
4 1 9 6 3 5 8 7
5 7 3 8 1 2 4 9 6
```

3

```
2
5 6
8 7 4
4 3 1 5
9 2 7 6 8
6 8 5 2 3 1
3 4 6 8 5 9 7
1 9 2 7 6 4 8 3
7 5 8 1 2 3 6 4 9
```

4

```
7
6 2
3 8 4
4 9 7 5
5 6 1 2 8
2 3 8 4 1 6
8 4 6 9 5 3 1
1 5 3 8 2 7 4 9
9 7 2 6 4 1 8 5 3
```

5

7								
6	2							
3	9	4						
4	8	7	5					
5	6	9	2	3				
2	3	1	4	8	6			
8	5	2	3	1	4	9		
9	7	6	8	2	5	3	1	
1	4	3	7	6	9	2	5	8

6

2								
4	9							
6	3	1						
1	5	9	3					
3	4	7	8	6				
8	6	2	9	7	5			
9	1	4	6	8	2	7		
7	2	3	1	5	4	6	8	
5	8	6	7	9	3	2	1	4

7

1								
7	8							
9	4	3						
5	1	8	2					
6	7	4	1	9				
2	3	9	5	6	7			
8	6	1	3	2	5	4		
4	2	7	9	8	6	3	5	
3	9	5	4	7	1	8	2	6

8

5								
1	3							
2	8	9						
6	4	2	7					
7	9	8	4	1				
3	1	5	9	6	2			
4	6	3	1	5	7	8		
9	2	7	6	8	3	5	4	
8	5	1	2	9	4	7	3	6

9

```
9
8 7
6 1 3
2 8 7 5
4 5 9 3 6
3 6 1 7 2 4
1 4 2 9 5 6 8
7 9 8 1 4 3 5 2
5 3 6 2 7 8 4 9 1
```

10

```
3
9 5
1 8 2
7 9 1 4
5 4 3 7 6
8 2 6 5 3 1
6 1 8 2 7 4 9
4 3 5 6 9 8 2 7
2 7 9 3 1 5 4 6 8
```

11

```
8
6 4
3 1 5
4 2 3 7
9 8 1 4 3
7 5 6 9 8 2
2 3 7 5 6 9 1
5 6 4 1 7 8 2 9
1 9 8 2 4 3 7 5 6
```

12

```
9
5 4
2 6 8
8 1 2 6
4 7 5 3 1
3 9 6 4 8 7
7 2 3 1 6 9 5
1 8 9 5 4 3 7 2
6 5 4 8 7 2 9 1 3
```

13

```
2
4 7
9 1 3
3 2 9 8
7 6 1 2 5
8 5 4 7 6 1
6 9 8 1 3 5 4
5 4 2 6 7 8 3 9
1 3 7 4 9 2 5 8 6
```

14

```
7
5 3
4 8 9
9 2 4 5
1 5 7 9 8
3 6 8 1 7 2
8 4 3 2 9 6 1
6 7 1 8 3 5 2 4
2 9 5 7 4 1 8 3 6
```

15

```
4
3 8
9 1 6
6 5 9 1
7 2 4 6 5
1 3 8 7 4 9
5 9 1 3 8 7 2
2 4 7 5 1 6 8 3
8 6 3 2 9 4 1 5 7
```

16

```
1
9 5
6 8 3
2 9 1 7
5 3 8 4 6
7 4 6 5 3 2
3 2 7 8 4 6 9
8 1 9 3 5 7 2 4
4 6 5 1 2 9 3 7 8
```

17

```
8
2 3
5 1 7
7 8 9 5
4 6 1 8 2
3 2 5 9 7 6
6 7 3 1 4 5 9
9 4 8 7 3 2 6 1
1 5 2 6 8 9 7 3 4
```

18

```
9
8 6
3 5 4
2 7 9 1
6 4 8 2 3
1 3 5 9 7 8
4 8 2 3 5 1 7
7 1 6 4 9 2 3 5
5 9 3 7 8 6 1 4 2
```

19

```
1
5 6
4 7 2
8 5 6 9
3 2 1 4 5
9 4 7 2 8 3
2 1 8 6 7 9 4
6 3 5 1 4 8 2 7
7 9 4 3 2 5 6 1 8
```

20

```
3
8 9
2 4 7
7 1 5 6
4 6 8 9 2
9 3 2 7 1 5
1 7 9 4 3 2 8
5 8 3 1 9 6 7 4
6 2 4 5 7 8 9 3 1
```

2 1

```
5
9 6
2 1 7
7 4 6 8
1 2 3 5 9
8 5 9 6 4 2
6 7 2 3 1 8 4
4 8 1 9 5 7 2 3
3 9 5 2 6 4 8 7 1
```

2 2

```
9
5 4
6 3 8
2 1 6 3
3 8 5 1 7
4 7 9 2 8 5
8 5 4 6 9 2 1
7 6 3 8 1 4 9 2
1 9 2 7 5 3 8 4 6
```

2 3

```
7
9 6
2 3 5
5 7 2 4
6 8 9 7 3
4 1 3 5 8 2
3 5 7 9 6 1 8
8 9 6 3 2 4 5 1
1 2 4 8 5 7 3 6 9
```

2 4

```
6
2 7
8 9 3
7 5 4 9
1 3 2 6 4
9 6 8 7 5 1
5 1 9 4 3 8 2
4 2 7 5 1 6 3 8
3 8 6 2 7 9 4 1 5
```

2 5

```
4
5 2
8 3 1
1 9 4 8
6 7 3 9 5
2 5 8 6 7 3
9 4 2 5 1 6 7
7 8 6 4 3 2 1 9
3 1 5 7 8 9 4 2 6
```

2 6

```
1
9 2
4 7 6
3 1 4 8
8 6 9 2 3
2 5 7 6 1 9
6 3 1 4 7 8 5
5 4 8 3 9 2 6 7
7 9 2 5 6 1 8 3 4
```

2 7

```
5
7 2
4 1 9
2 5 6 8
3 9 7 4 6
8 4 1 2 9 3
1 7 5 3 8 2 4
6 3 4 1 5 9 8 7
9 8 2 6 7 4 3 5 1
```

2 8

```
1
6 5
2 8 7
5 6 4 3
9 1 8 5 4
3 7 2 9 1 8
4 9 1 7 3 2 6
8 3 6 4 9 5 7 2
7 2 5 1 8 6 4 3 9
```

29

```
8
2 6
4 3 9
6 8 5 4
7 4 2 6 1
9 1 3 5 7 2
5 7 8 1 9 4 3
1 9 6 3 2 7 8 5
3 2 4 8 6 5 1 9 7
```

30

```
4
9 6
8 1 7
7 2 6 1
1 8 9 3 5
5 3 4 6 8 2
6 9 8 2 4 7 3
2 7 1 9 3 5 4 8
3 4 5 8 6 1 7 2 9
```

31

```
6
4 3
7 2 1
5 6 3 7
8 1 4 5 9
2 9 7 8 1 4
1 8 6 9 5 7 2
9 4 5 1 2 3 6 8
3 7 2 6 4 8 1 9 5
```

32

```
7
9 6
8 3 2
5 1 8 4
6 7 3 2 9
2 9 4 5 7 1
1 5 7 3 4 6 8
3 2 6 8 1 9 4 5
4 8 9 7 5 2 6 1 3
```

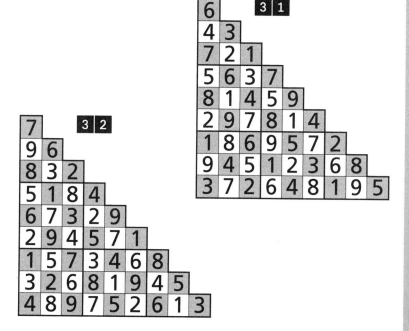

3 3

```
7
8 2
5 4 6
3 7 2 9
4 1 8 7 5
9 6 5 4 3 1
2 8 3 6 9 5 4
1 9 7 2 4 3 6 8
6 5 4 1 7 8 2 9 3
```

3 4

```
2
3 6
4 7 9
5 2 8 1
7 3 6 2 5
1 9 4 7 6 8
8 5 3 9 1 4 7
6 1 7 5 2 3 9 4
9 4 2 6 8 7 5 1 3
```

3 5

```
7
9 5
8 4 6
5 2 8 9
1 7 4 3 8
6 3 9 1 2 4
2 8 7 6 3 5 1
4 6 5 2 1 9 7 3
3 9 1 7 4 8 5 6 2
```

3 6

```
9
8 3
7 6 1
3 2 5 4
4 8 6 1 7
1 7 9 5 2 6
5 4 8 7 9 3 2
6 9 3 2 5 1 7 8
2 1 7 8 6 4 3 9 5
```

37

```
8
5 6
2 9 3
3 1 6 5
4 2 9 1 7
7 8 5 6 3 2
1 3 2 7 8 4 9
6 4 8 3 9 5 2 1
9 5 7 2 6 1 3 8 4
```

38

```
8
3 2
6 1 4
4 5 2 9
9 6 8 7 1
7 3 1 4 8 5
1 4 7 5 9 6 3
5 8 3 1 7 2 4 6
2 9 6 8 4 3 1 5 7
```

39

```
8
6 5
2 7 1
4 6 5 3
9 3 8 1 2
1 2 7 9 4 6
5 8 4 2 7 3 9
3 1 6 8 9 4 2 7
7 9 2 5 6 1 3 8 4
```

40

```
2
6 7
3 9 5
1 6 8 3
9 5 7 2 8
4 2 3 9 1 6
8 1 6 7 5 4 9
7 3 9 8 2 1 5 4
5 4 2 6 3 9 8 7 1
```

41

```
9
2 4
7 6 1
5 3 9 8
8 1 4 5 7
6 2 7 1 4 3
3 9 5 6 8 7 2
1 8 2 4 9 5 3 6
4 7 6 3 1 2 9 8 5
```

42

```
8
5 3
1 7 6
6 2 9 4
7 8 5 6 1
4 1 3 9 8 2
3 5 8 1 7 4 9
9 4 7 3 2 6 1 5
2 6 1 8 5 9 4 3 7
```

43

```
2
7 4
3 9 6
6 7 3 5
4 5 8 1 9
1 2 9 6 4 3
9 6 7 8 2 5 1
8 3 2 9 1 4 6 7
5 1 4 3 6 7 9 2 8
```

44

```
1
5 8
7 4 9
9 3 6 2
4 7 1 9 5
2 5 8 6 7 3
8 1 7 5 4 2 6
6 2 4 8 3 9 1 7
3 9 5 7 1 6 2 8 4
```

45

```
2
5 3
9 7 4
4 8 6 5
7 9 2 3 6
3 1 5 7 4 8
8 2 3 6 1 9 7
6 4 9 2 7 5 8 1
1 5 7 4 8 3 6 2 9
```

46

```
8
2 1
7 4 6
6 2 3 9
9 7 1 6 2
5 8 4 3 1 7
4 9 7 2 8 5 3
3 6 8 1 9 4 7 5
1 5 2 7 6 3 9 8 4
```

47

```
8
3 7
9 1 2
2 6 5 4
1 4 8 7 9
7 3 9 1 2 6
5 8 7 3 4 9 1
6 2 1 8 7 5 4 3
4 9 3 2 6 1 7 8 5
```

48

```
9
4 5
8 7 6
5 1 2 3
3 8 9 6 1
6 4 7 2 5 8
2 9 8 1 4 3 7
1 3 4 7 6 5 9 2
7 6 5 8 9 2 3 1 4
```

49

```
1
8 7
5 3 9
4 1 7 8
6 8 3 5 2
9 5 2 7 6 3
2 6 1 3 4 9 5
7 9 8 2 5 6 1 4
3 4 5 1 8 7 9 2 6
```

50

```
5
3 9
6 4 2
2 5 7 6
1 6 4 8 3
8 3 9 1 2 7
9 2 5 7 8 1 4
4 8 6 2 5 3 9 1
7 1 3 9 6 4 2 5 8
```

51

```
1
5 9
6 8 4
4 5 9 2
7 2 1 6 3
8 6 3 9 7 5
3 7 5 8 2 4 6
9 4 6 3 1 7 2 8
2 1 8 5 9 6 4 3 7
```

52

```
5
7 3
4 1 9
3 8 4 6
1 7 5 8 2
2 9 6 1 3 4
8 4 7 5 6 9 1
9 5 1 2 8 3 6 7
6 2 3 7 4 1 9 5 8
```

53

4								
9	1							
7	6	8						
1	3	4	7					
6	8	9	2	5				
2	5	7	6	8	3			
3	9	2	4	1	7	6		
5	4	1	9	6	8	3	2	
8	7	6	5	3	2	4	1	9

54

3								
8	9							
2	5	1						
1	8	2	4					
7	4	9	6	5				
6	3	5	1	7	8			
5	7	6	3	4	1	2		
4	2	8	5	9	7	3	6	
9	1	3	2	8	6	5	4	7

55

9								
4	8							
1	3	6						
2	5	9	1					
7	1	4	6	3				
3	6	8	7	5	2			
8	4	2	9	6	7	5		
5	9	1	8	4	3	2	7	
6	7	3	2	1	5	9	8	4

56

5								
8	9							
7	3	2						
2	6	9	1					
3	5	8	7	6				
4	7	1	9	2	8			
9	2	5	6	3	4	7		
6	8	3	2	7	1	5	4	
1	4	7	5	8	9	2	6	3

57

```
5
7 1
2 3 8
6 5 2 4
9 8 3 6 7
1 7 4 9 8 2
8 2 5 1 6 9 3
3 6 7 8 5 4 1 9
4 9 1 3 2 7 8 5 6
```

58

```
8
6 1
9 3 2
1 5 9 3
3 8 7 4 6
4 2 6 8 7 5
5 9 1 2 4 8 7
2 4 3 7 5 6 1 9
7 6 8 1 9 3 2 5 4
```

59

```
3
7 1
6 2 5
1 7 4 9
9 5 2 8 6
8 3 6 4 1 2
4 9 1 7 5 3 8
2 8 3 6 4 9 5 7
5 6 7 1 2 8 3 9 4
```

60

```
5
1 7
3 2 9
7 5 8 6
6 9 2 4 1
4 1 3 9 7 8
9 6 7 8 4 3 2
8 4 1 2 5 6 9 3
2 3 5 7 9 1 8 6 4
```

61

```
8
4 9
3 1 5
5 4 8 1
6 3 9 7 2
1 7 2 8 9 6
2 8 4 6 5 3 7
9 6 3 2 7 1 5 4
7 5 1 9 8 4 2 6 3
```

62

```
6
1 7
5 3 8
8 6 7 9
4 5 3 8 2
9 1 2 7 4 5
2 4 6 1 8 9 3
7 9 5 2 3 4 6 1
3 8 1 6 5 7 9 2 4
```

63

```
7
2 9
6 8 3
5 4 7 8
8 3 1 5 6
9 6 2 3 4 1
4 7 9 1 5 6 2
3 5 8 2 7 9 1 4
1 2 6 4 3 8 7 9 5
```

64

```
7
6 3
2 5 8
8 4 2 9
3 6 5 4 1
9 1 7 3 8 6
4 8 9 5 7 3 2
1 2 6 8 4 9 7 5
5 7 3 1 6 2 8 9 4
```

65

```
7
3 6
4 9 8
6 2 5 3
1 7 9 8 4
8 4 3 1 2 9
2 1 7 4 3 6 5
9 8 6 2 5 7 4 1
5 3 4 9 8 1 6 7 2
```

66

```
5
6 9
7 4 1
2 8 7 3
4 5 6 9 7
9 1 3 4 8 2
8 2 9 6 5 1 4
1 6 5 7 4 3 2 8
3 7 4 8 2 9 1 5 6
```

67

```
6
4 9
5 8 3
3 1 7 2
9 6 8 5 1
2 5 4 7 9 8
7 3 6 1 4 2 5
1 4 5 3 8 9 6 7
8 2 9 6 7 5 3 1 4
```

68

```
5
1 9
2 3 7
9 8 5 6
6 7 4 8 1
3 1 2 9 7 4
8 5 3 4 6 9 2
4 2 1 7 5 3 6 8
7 6 9 2 8 1 5 4 3
```

69

```
9
4 1
2 5 8
7 3 9 4
6 8 1 2 7
5 2 4 6 8 3
3 6 5 1 4 7 2
1 9 7 8 2 5 3 6
8 4 2 3 9 6 7 1 5
```

70

```
2
1 6
8 3 7
6 9 4 1
5 2 3 7 8
7 8 1 5 6 9
9 5 6 8 4 2 3
4 7 2 3 9 1 8 5
3 1 8 6 7 5 2 9 4
```

71

```
7
6 1
4 9 5
8 3 4 6
1 5 7 2 9
9 2 6 1 5 8
5 4 8 7 6 3 2
3 7 1 5 2 9 8 4
2 6 9 8 4 1 5 7 3
```

72

```
7
3 8
9 4 2
1 7 9 5
5 2 3 8 6
8 6 4 1 7 3
4 5 7 6 2 1 9
6 3 1 9 8 5 2 4
2 9 8 4 3 7 6 5 1
```

7 3

```
6
9 7
5 1 3
7 6 4 5
8 5 1 2 9
2 3 9 7 8 4
4 8 6 1 3 5 2
3 2 7 9 4 8 6 1
1 9 5 6 7 2 4 3 8
```

7 4

```
2
6 9
7 8 4
1 6 2 8
3 4 5 9 1
9 7 8 4 3 5
4 1 6 5 8 7 3
5 3 7 1 2 9 4 6
8 2 9 6 4 3 1 5 7
```

7 5

```
7
3 9
6 2 1
8 4 6 3
5 3 7 4 2
9 1 2 5 8 6
2 5 8 9 1 7 4
1 6 3 2 4 8 9 5
4 7 9 6 3 5 2 1 8
```

7 6

```
4
2 6
5 7 9
6 4 5 2
8 9 7 1 3
1 3 2 8 9 7
9 8 1 4 6 3 5
3 2 6 5 7 1 4 8
7 5 4 9 2 8 3 6 1
```

77

```
5
6 7
1 2 9
3 4 5 8
8 6 7 1 4
9 1 2 5 7 6
2 5 3 4 8 9 1
4 9 6 7 1 2 8 3
7 8 1 3 6 5 9 4 2
```

78

```
1
2 8
3 9 5
8 7 4 6
9 3 1 7 2
6 5 2 9 8 4
7 1 8 4 5 3 9
4 6 9 1 7 2 5 3
5 2 3 8 6 9 4 1 7
```

79

```
3
7 2
9 5 4
6 8 2 5
1 9 3 8 6
5 4 7 1 3 9
8 6 9 4 2 1 7
4 3 1 7 5 6 9 8
2 7 5 9 8 3 4 6 1
```

80

```
8
1 2
3 4 6
2 1 3 9
7 8 4 2 5
9 6 5 8 7 4
5 3 1 6 9 8 7
6 7 2 3 4 5 9 1
4 9 8 7 2 1 6 5 3
```

8 1

```
9
3 8
7 1 5
2 6 8 3
1 7 9 2 6
4 5 3 1 9 7
6 9 7 5 2 4 1
5 3 2 6 1 8 7 4
8 4 1 7 3 9 5 6 2
```

8 2

```
9
2 3
6 4 7
5 2 8 6
3 1 4 7 5
7 9 6 8 1 4
8 5 2 3 7 9 1
4 6 9 1 2 5 3 8
1 7 3 4 6 8 9 5 2
```

8 3

```
9
7 2
5 8 3
3 9 1 4
4 5 2 6 8
6 7 8 3 2 1
8 3 9 1 6 5 7
1 6 7 2 9 4 3 5
2 4 5 8 3 7 1 9 6
```

8 4

```
1
6 7
9 3 2
5 1 9 6
3 6 7 5 4
2 8 4 3 7 9
4 9 1 8 5 2 3
8 2 3 7 1 6 4 5
7 5 6 4 9 3 2 1 8
```

85

```
9
4 2
3 5 8
1 6 9 5
5 3 7 2 4
2 8 4 9 1 7
6 9 2 7 8 3 1
7 1 5 6 2 4 8 3
8 4 3 1 9 5 2 7 6
```

86

```
3
8 9
6 5 1
7 4 6 5
5 3 2 1 7
9 1 8 3 2 4
4 7 9 6 8 3 2
2 6 5 7 1 9 4 8
1 8 3 2 4 5 7 9 6
```

87

```
9
6 7
8 5 2
3 1 8 4
4 2 5 7 6
7 9 6 3 1 8
1 4 7 9 2 3 5
2 8 3 5 4 6 9 1
5 6 9 1 8 7 4 2 3
```

88

```
3
2 4
6 9 1
5 2 6 8
7 8 3 4 9
4 1 9 7 5 2
9 7 5 1 8 3 6
8 6 2 9 4 5 1 7
1 3 4 6 2 7 9 8 5
```

89

```
6
3 8
1 2 9
5 4 1 2
8 6 3 9 7
9 7 2 6 4 5
4 3 5 7 8 6 1
7 1 8 4 9 2 5 3
2 9 6 5 3 1 7 8 4
```

90

```
1
9 2
8 4 7
3 5 6 8
4 9 1 2 5
2 7 8 6 1 3
5 3 2 4 9 8 6
6 1 9 5 2 7 3 4
7 8 4 1 3 6 2 5 9
```

91

```
9
2 6
5 7 4
1 9 3 7
8 5 6 9 3
7 4 2 8 1 5
3 1 7 6 4 8 2
6 2 5 3 9 1 4 8
4 8 9 2 5 7 3 6 1
```

92

```
5
6 8
9 3 7
2 5 8 4
1 7 3 5 9
4 9 6 2 7 1
7 1 4 9 6 2 3
3 6 5 8 1 4 9 2
8 2 9 7 5 3 1 4 6
```

93

```
6
9 3
4 8 5
5 9 6 8
8 4 3 2 1
2 7 1 5 3 4
1 5 4 6 2 7 9
7 6 9 3 8 1 5 2
3 2 8 4 5 9 6 1 7
```

94

```
1
4 8
3 5 7
9 4 8 2
2 6 5 7 3
7 3 1 9 6 4
8 2 4 5 1 9 6
5 7 3 6 8 2 1 9
6 1 9 4 7 3 8 2 5
```

95

```
4
2 5
7 1 3
8 6 7 9
1 4 2 8 6
9 3 5 1 4 2
6 2 9 7 8 3 1
3 7 1 5 9 4 6 8
5 8 4 6 2 1 3 9 7
```

96

```
1
5 7
6 8 3
2 5 6 4
9 1 7 3 8
4 3 8 1 7 2
8 2 4 6 9 1 5
7 6 5 8 3 4 2 9
3 9 1 7 2 5 8 4 6
```

97

```
6
5 4
9 8 1
1 2 3 7
4 5 8 2 3
7 9 6 1 4 5
2 1 5 3 6 9 8
3 6 9 8 7 4 1 2
8 7 4 5 1 2 3 6 9
```

98

```
4
7 9
2 6 1
9 7 5 2
3 8 4 9 5
6 1 2 3 8 7
5 3 6 4 1 2 8
8 4 7 5 6 9 1 3
1 2 9 8 7 3 5 4 6
```

99

```
5
1 2
6 3 8
9 1 5 3
2 7 4 8 9
3 8 6 5 4 7
7 5 3 1 2 6 4
4 6 2 9 3 8 7 1
8 9 1 4 7 5 3 2 6
```

100

```
3
1 8
2 7 9
6 4 3 5
8 9 1 6 2
5 2 7 8 4 1
7 3 5 2 6 9 4
4 1 8 3 5 7 2 6
9 6 2 4 1 8 3 5 7
```

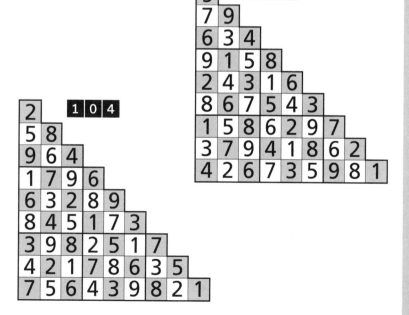

101

```
1
6 9
4 7 5
9 1 4 8
2 5 7 3 6
8 3 6 5 1 2
5 2 1 7 3 9 4
7 4 9 6 2 8 5 3
3 6 8 1 5 4 9 2 7
```

102

```
1
8 2
4 5 7
9 8 4 3
3 7 1 2 6
2 6 5 9 1 8
7 1 2 4 3 9 5
6 4 8 5 2 7 3 9
5 3 9 6 8 1 2 7 4
```

103

```
5
7 9
6 3 4
9 1 5 8
2 4 3 1 6
8 6 7 5 4 3
1 5 8 6 2 9 7
3 7 9 4 1 8 6 2
4 2 6 7 3 5 9 8 1
```

104

```
2
5 8
9 6 4
1 7 9 6
6 3 2 8 9
8 4 5 1 7 3
3 9 8 2 5 1 7
4 2 1 7 8 6 3 5
7 5 6 4 3 9 8 2 1
```

105

```
5
7 6
1 9 4
4 7 5 9
8 2 6 1 3
9 1 3 8 6 7
3 4 7 5 2 8 1
2 5 1 6 9 3 4 8
6 8 9 7 4 1 5 3 2
```

106

```
9
8 2
1 3 4
2 7 9 3
6 1 8 2 5
3 4 5 9 7 6
5 8 3 6 4 1 7
7 6 2 8 9 5 4 1
4 9 1 7 2 3 6 5 8
```

107

```
7
4 5
2 6 3
9 1 5 4
8 7 6 3 1
3 2 4 5 8 9
1 8 9 6 4 7 2
5 3 7 1 2 8 9 6
6 4 2 9 5 3 7 1 8
```

108

```
3
2 4
9 7 6
6 3 8 1
4 5 2 6 9
1 9 7 8 3 5
8 2 3 9 4 1 7
5 1 4 7 8 6 9 2
7 6 9 5 2 3 1 4 8
```

109

```
1
5 3
6 8 2
3 5 6 7
9 4 1 2 6
7 2 8 4 3 9
8 1 7 9 2 4 5
4 9 5 6 7 3 1 8
2 6 3 8 1 5 9 7 4
```

110

```
2
8 3
5 4 9
7 1 3 6
6 9 2 5 8
4 5 8 3 7 1
3 7 4 2 9 6 5
1 2 6 7 5 8 9 4
9 8 5 1 3 4 6 2 7
```

111

```
2
8 7
6 9 5
7 1 4 3
9 6 8 5 1
3 5 2 9 7 4
1 8 7 4 2 6 9
4 3 9 1 8 5 2 6
5 2 6 7 3 9 4 1 8
```

112

```
9
3 6
7 8 5
4 1 2 8
6 9 3 1 7
5 7 8 2 4 3
1 4 9 7 8 6 2
2 3 6 4 5 9 7 1
8 5 7 3 1 2 6 9 4
```

113

```
4
1 9
5 6 3
3 2 5 7
8 4 9 2 1
6 1 7 3 9 8
2 5 4 8 7 3 6
9 8 1 5 6 4 7 2
7 3 6 9 2 1 8 4 5
```

114

```
6
9 3
1 2 4
5 8 1 7
2 9 3 4 5
7 4 6 2 8 1
8 5 9 3 6 7 2
3 1 2 5 4 9 6 8
4 6 7 8 1 2 5 3 9
```

115

```
4
1 6
9 2 3
7 8 4 9
6 3 2 5 7
5 1 9 6 3 8
8 7 5 4 1 9 2
3 4 1 2 6 7 8 5
2 9 6 3 8 5 4 7 1
```

116

```
7
8 2
1 3 9
2 8 6 5
5 9 7 4 1
4 1 3 6 7 8
6 5 2 1 4 9 3
9 7 8 3 6 2 1 4
3 4 1 7 8 5 9 2 6
```

117

```
7
4 3
8 6 1
1 7 3 2
5 9 6 7 8
2 8 4 5 9 6
3 1 7 8 4 5 9
6 2 5 9 3 1 8 4
9 4 8 6 2 7 3 1 5
```

118

```
2
6 9
4 8 7
5 6 4 3
1 2 9 7 8
3 7 8 1 2 5
8 4 5 9 7 1 6
9 3 6 8 4 2 5 1
7 1 2 5 3 6 8 9 4
```

119

```
8
6 9
3 4 2
1 6 9 4
7 2 8 3 5
5 3 4 7 2 1
9 1 6 8 4 7 3
2 8 7 9 3 5 1 6
4 5 3 2 1 6 9 8 7
```

120

```
5
3 4
6 1 2
2 8 5 3
7 9 1 6 8
4 6 3 7 2 9
9 2 4 1 5 7 6
8 3 7 2 6 4 9 1
1 5 6 9 3 8 2 4 7
```

1 2 1

```
5
3 6
8 2 1
7 5 6 2
2 1 9 4 7
4 3 8 1 5 9
1 7 5 9 4 8 3
9 8 2 7 3 6 1 4
6 4 3 5 1 2 7 9 8
```

1 2 2

```
4
8 3
9 2 7
5 4 3 1
1 7 8 4 2
2 6 9 7 5 8
7 5 4 3 1 6 9
3 9 1 5 8 2 7 6
6 8 2 9 7 4 3 1 5
```

1 2 3

```
4
5 3
9 8 2
3 7 6 1
1 9 8 4 5
2 4 5 6 7 9
6 1 9 8 3 2 7
8 2 3 7 4 5 9 6
7 5 4 9 6 1 2 3 8
```

1 2 4

```
2
5 9
8 7 1
6 4 2 3
3 1 5 8 7
7 8 9 2 6 4
4 2 6 5 3 1 8
1 5 8 9 4 7 3 6
9 3 7 6 2 8 1 4 5
```

1 2 5

```
3
1 7
8 6 5
2 1 9 4
6 4 7 5 2
5 3 8 6 7 9
9 2 1 3 5 8 6
4 8 6 7 9 2 3 1
7 5 3 1 4 6 9 2 8
```

1 2 6

```
6
1 5
8 4 9
9 3 2 4
7 8 6 5 3
5 1 4 9 8 2
3 6 8 2 7 9 1
2 7 1 3 5 4 6 8
4 9 5 8 6 1 2 3 7
```

1 2 7

```
5
7 8
9 2 3
3 1 6 4
8 4 5 1 7
2 7 9 3 5 6
1 3 2 6 4 8 9
4 5 8 9 1 7 3 2
6 9 7 5 3 2 8 4 1
```

1 2 8

```
9
8 1
6 4 2
5 3 6 7
7 2 4 1 8
1 9 8 2 3 5
2 6 1 4 9 7 3
3 5 9 6 1 8 2 4
4 8 7 5 2 3 1 9 6
```

129

```
9
6 2
5 1 7
7 9 2 1
1 4 3 8 6
8 6 5 2 7 3
2 7 9 3 4 5 8
3 5 6 7 8 1 9 4
4 8 1 9 2 6 7 3 5
```

130

```
9
8 3
2 7 4
3 1 2 7
6 9 8 4 5
4 5 7 6 1 2
1 2 9 5 3 6 8
5 4 3 1 8 7 9 6
7 8 6 9 2 4 5 3 1
```

131

```
2
8 1
6 4 5
9 2 6 8
4 5 1 3 9
3 7 8 4 5 6
5 9 3 2 8 7 4
1 6 4 5 3 9 2 7
7 8 2 6 1 4 5 9 3
```

132

```
9
7 8
1 6 4
8 7 3 2
5 2 6 4 1
4 1 9 3 5 7
3 5 7 1 8 2 6
2 4 8 6 3 9 1 5
6 9 1 7 4 5 2 8 3
```

134

```
7
8 5
9 2 3
6 8 9 1
1 4 2 5 9
5 3 7 6 4 8
4 9 5 3 1 6 2
3 7 8 2 5 4 1 6
2 1 6 7 8 9 5 3 4
```

133

```
3
7 5
8 9 6
6 2 5 1
1 7 3 4 9
4 8 9 6 3 2
9 6 4 2 7 1 8
2 3 7 9 8 5 6 4
5 1 8 3 6 4 9 2 7
```

135

```
8
7 4
3 5 9
2 1 8 6
4 9 5 1 7
6 3 7 8 9 2
1 8 2 3 4 6 5
5 6 4 9 1 7 2 3
9 7 3 2 8 5 6 4 1
```

136

```
4
5 3
7 2 6
8 4 9 5
2 6 3 1 9
1 7 5 2 3 8
6 8 4 9 1 7 2
9 1 2 3 4 5 6 7
3 5 7 6 8 2 9 4 1
```

137

```
6
3 8
2 5 1
1 7 2 4
8 6 5 7 9
4 9 3 8 6 5
7 2 4 5 1 9 3
9 3 8 2 4 6 1 7
5 1 6 3 7 8 9 4 2
```

138

```
8
6 5
1 2 7
9 8 5 4
3 1 2 8 6
7 6 4 5 1 3
5 3 1 2 4 7 9
2 7 8 9 3 6 4 1
4 9 6 1 8 5 7 3 2
```

139

```
4
7 8
3 1 9
9 5 4 7
1 7 6 9 3
8 2 3 1 5 6
5 4 8 6 2 3 1
2 9 1 4 8 7 6 5
6 3 7 5 9 1 4 8 2
```

140

```
9
5 3
2 4 6
1 7 9 4
3 8 5 6 7
6 2 4 8 3 1
7 5 1 9 4 8 2
8 9 2 7 6 3 1 5
4 6 3 1 5 2 9 7 8
```

141

```
9
6 1
8 4 5
7 9 8 4
4 5 6 3 2
3 2 1 7 5 8
5 6 9 2 1 7 3
2 3 7 5 8 4 9 6
1 8 4 9 6 3 5 2 7
```

142

```
6
2 7
8 9 4
7 1 8 2
5 4 3 6 1
9 6 2 7 5 3
1 8 9 3 2 4 5
4 5 7 1 6 9 3 8
3 2 6 5 7 8 4 1 9
```

143

```
9
2 7
4 5 8
7 1 9 6
3 8 5 7 4
6 4 2 3 8 1
8 3 6 1 2 4 5
5 9 7 8 3 6 1 2
1 2 4 5 7 9 8 6 3
```

144

```
6
1 2
7 4 9
2 6 7 5
3 1 8 9 7
5 9 4 3 8 1
4 3 1 6 2 5 8
8 5 2 7 3 9 6 4
9 7 6 1 4 8 5 2 3
```

145

```
6
9 1
5 4 2
2 8 1 7
4 5 3 8 9
7 6 9 4 2 5
8 2 5 6 7 3 4
3 7 4 2 1 9 6 8
1 9 6 5 8 4 2 7 3
```

146

```
6
3 2
5 9 8
8 6 5 3
9 3 7 4 1
1 4 2 9 6 7
2 5 6 7 4 8 9
7 8 9 1 5 3 2 4
4 1 3 6 2 9 8 7 5
```

147

```
6
9 2
1 3 5
5 6 4 8
8 1 3 6 9
7 9 2 4 1 3
2 8 1 9 5 7 4
4 7 6 2 3 8 5 1
3 5 9 1 6 4 2 8 7
```

148

```
2
4 9
5 1 7
7 3 9 8
6 2 4 3 5
1 5 8 2 6 4
3 7 1 9 8 2 6
9 6 5 7 4 1 8 3
8 4 2 6 3 5 9 7 1
```

149

```
7
1 2
6 5 4
3 9 8 5
2 4 1 6 8
5 6 7 4 3 1
4 3 5 8 2 9 6
8 1 2 3 6 7 4 9
9 7 6 1 4 5 8 2 3
```

150

```
4
6 5
3 8 1
9 6 3 2
2 1 8 5 7
5 7 4 1 9 6
1 9 6 8 4 2 3
7 4 2 9 3 5 1 8
8 3 5 6 1 7 2 4 9
```

ABOUT THE AUTHOR

Jeanie Scionti

GEORGE HEINEMAN grew up solving logic and mathematical puzzles. He turned this lifelong interest in solving challenging problems into a successful career as a professor of computer science at WPI in Worcester, Massachusetts. He is coauthor of *Algorithms in a Nutshell* (O'Reilly Media, 2008).